叢書・ウニベルシタス　935

権威の概念

アレクサンドル・コジェーヴ
今村真介 訳

法政大学出版局

目次

緒言

フランソワ・テレ

アレクサンドル・コジェーヴは哲学的思考に多大な影響を与えてきた。その経歴は魅惑的である。コジェーヴは一九〇二年にロシア人として生を享けたが、一九一九年か二〇年にはソヴィエト国家を離れ、ブレヒトと表現主義の二〇年代ベルリンに生活の場を移す。だが、ワイマール共和国の情勢悪化を受けて、一九二六年には狂乱の歳月のパリにやってくる。その直後に起きた一九二九年の大恐慌は、ただでさえ不安定であった彼の生活を直撃する。こうして、彼は生活のためにやむなく哲学教師となる。ただし、その間も彼は「キリスト教倫理と仏教倫理の究極目的」について研究し、一九三一年には「無神論」を発表している。その一方で、東洋哲学に魅せられた彼は、とりわけサンスクリット語、中国語、チベット語の習得を志すようになる……。また、一九二六年にはハイデルベルク大学でソロヴィヨフ論に関する学位審査を受けている。

生活の困難に直面した彼は、友人たちの手配によってアレクサンドル・コイレの要請を受け、その後任として高等研究院のセミナーを担当することになる。彼以前にこのセミナーを担当していた者たちの多くも並々ならぬ才能の持ち主であったが、その彼らに負けず劣らず根っからのヘーゲリアンであったこの哲学教師は、自らのセミナーにおいて『精神現象学』を一文ずつ事細かに読み解いていく。最初はごく内輪なものにすぎなかったこのセミナーは、しだいに多くの熱心な聴衆を引きつけるようになり、また、彼らがのちに辿った道のりも実に多彩である。すなわち、ジョルジュ・バタイユ、ジャック・ラカン、エリック・ヴェイユ、ロベール・マルジョラン、ガストン・フェサール、レーモン・アロン、レーモン・ポラン、ピエール・クロソウスキー、モーリス・メルロ゠ポンティ、等々、といった顔ぶれである。レーモン・クノーもこのセミナーに参加した一人であり、彼の発案によって、一九四八年にコジェーヴのセミナーの講義録をもとに『ヘーゲル読解入門』が出版される。コジェーヴの授業は芝居気や諧謔とも無縁ではなかった。レーモン・アロンは、コジェーヴの「天才」とその「弁証法の卓抜さ」について伝える一方で、次のように語っている。「一つの疑問がいまだに私の脳裏を去らない。たしか一九三八年か三九年に、彼は自分のことを〈こちこちのスターリン主義者〉だと言っていたが、あの発言は本気だったのだろうか。あるいは、どのような意味で本気だったのかというべきかもしれない」(1)。ただし、彼はその直後に、コジェーヴが「内輪では」、ロシアがならず者どもによって統治されていることを否定しなかった事実も強調する。「私はいまだに――とレーモン・アロンは続ける――、諧謔が、思想的にも実存的にも、彼のなかで果たしていた役割が何だったのかと自問している」[2]。

コジェーヴの思想によって、ヘーゲル回帰は決定的な段階を迎える。その思想は、一九四五年以降の「3H――ヘーゲル、フッサール、ハイデガー――世代の主人公たちの大半」にとりわけ深刻な影響を及ぼしたが、このことは「無の人間化」という方向性において「新カント主義への反抗」や「ベルグソン主義の退潮」と軌を一にしている[3]。ただし、ここで重要なことは思想の盛衰そのものではない。それはむしろ、ヘーゲルの思想がそれに抵抗する者にとってさえいかに避けがたい道のりであるかを如実に示しているのである。その意味で、コジェーヴが及ぼした影響は、それがヘーゲルに忠実であるか否かにかかわらず――だが、こうした忠実さとは何を意味するのだろうか――、理性の支配領域を拡大することにかけてはじつに大きなものがあったといえる。ヴァンサン・デコンブの見事な記述によれば、「弁証法たらんとする思考は、定義からして、みずからにとって根本的に異質なものへと、他なるものへと向かう理性の運動を開始する。そこでの問題は以下のことに尽きる。すなわち、この運動において、他なるものは同じものに回収されることになるのか、それとも、理性的なものと非理性的なもの、同じものと他なるものを同時に包摂するために、理性はみずから変容し、みずからの原初の同一性を喪失し、同じものであることを止めて、他なるものにとっての他なるものとなるのかである[4]」。こうして、理性が過剰または逸脱を通して不可避的にたどる道筋が現れる。すなわち、理性がシニシズムや暴力やテロルの数々をくぐり抜けて、最後に知恵へと至りつく道筋である。そこでは、コジェーヴによれば、哲学者と暴君とは似たり寄ったりであるばかりか、場合によってはともに行動することさえある。彼はこうした内在的目的論をヘーゲルから借用している。それは否定性の弁証法的運動の行き着く果てが何であるかを教えており、まさに進歩のイデオロギーの力そのものである。[5] だが、コジェーヴの真の思想的貢献は次のような考え方にある。すなわち、歴史の諸矛盾が最終的に解決されたあかつきには、歴史の終焉が訪れるということである。こうして、ヘーゲルの有名な主人と奴隷——従僕?・従者?——の弁証法に、あらたに歴史の終焉の理論が付け加わり、この両者が結びつくことになる。

＊

ヘーゲルが『精神現象学』を出版したのは、ナポレオンがイエーナで勝利した翌年の一八〇七年であった。同時代の目覚ましい歴史的事件に衝撃を受けた彼は、そこにいくつかの決定的事実に支えられた一つの運動が存在することを見抜いた。ある人々に言わせれば、それは本性上、ひとつの永久運動、みずからの全体性を証明する一つの体系に実在をもたらす運動だということになる。一八二一年の『法哲学綱要』は、ヘーゲルの生前に出版された最後の哲学的著作となった。コジェーヴが『法の現象学粗描』を執筆したのは、その一二二年後、時あたかも第二次大戦のさなかであった。その頃すでにフランスに帰化していた彼は、動員されて奇妙な戦争に参加したものの、一九四〇年には他の外国出身者たちとともに除隊する。一九四一年にはいわゆる「自由」地区に移り、そこでニーナ・イヴァノフと落ち合う。だが、そのとき彼女はフランスのパスポートを所持していなかった。その後、彼らはマルセイユに腰を落ち着け、そこでレオン・ポリアコフと再会を果たす。彼はロシア出身のユダヤ人で、ニーナ・イヴァノフの若い頃からの友人であり、抵抗運動を組織してジャン・カスーのコンバ〔戦闘〕部隊と連絡を取り合っていた(6)。コジェーヴはこの運動に積極的に参加する。彼は死の危険の何たるかを先刻承知していたし、また、それがいつか現実となった場合には、適切に理解され実践された主人と奴隷の弁証法がいかなる救済をもたらしうるかを明確に認識していた(7)。コジェーヴはエリック・ヴェイユの家族と会うためにロット県のグラマ村を訪れ、一九四三年の夏のあいだをそこの小さなホテルでニーナ・イヴァノフと過ごす。彼が『法の現象学粗描』を書いたのはこのときである。この重要な著作は、一九六八年の彼の死後十三年を経て出版された(8)。それは多くの法学者や哲学者たちから重大な関心をもって迎えられたが、我々の時代の哲学にとってもきわめて重要な意義をもつ。ただしそのためには、今日の哲学が法の問題に真に腰を据えて取り組む必要がある。法の定義にまつわる古くからの謎を克服することによって、コジェーヴはこの問題に関しておそらく決定的な分析を行っている。その分析は、法のもつ特定の価値だけを重視する立場はもとより、法の源泉、法の性質、法の正当化を法の形式的構造からのみ引き出そうとする立場も斥け、かつその両者をともに乗り越える。この著作が出版されたのは二〇年以上も前のことであるが、分析哲学が氾濫する今日でもなおその価値は失われていない。それはたぶん、この著作が、法と事実の関係に内在する両義性だけでなく、法特有の循環性、すなわち、現実から理性へ、また理性から現実へという循環性をも同時に引き受け、かつそれらをともに乗り越えるからである。

コジェーヴは、法の定義、すなわち、法の画定や法の識別や法の承認を可能にするものは何かを問いただす。これは最も厄介な問題の一つであり、法学者たちは何世紀にもわたってこの法の定義のあいまいさを指摘してきた。コジェーヴによれば、法現象は、二者が相互作用する場面における公平無私な第三者の介入を必然的に含意する。また、この第三者の役割を演じるのは、立法者や裁判官や警察官など様々である。だが、法が法として現れるのは、この第三者がとりわけ裁判官として介入する場合である。ところで、この第三者は必然的に実在する。なぜなら、人間には正義を実現したいという欲望があり、さらには裁きをなす快楽さえ存在するからである。この快楽は、性的快楽や美的快楽などと同じく独自のものである。つまり、特殊に法的な関心というものが存在する。それは個人的なものでありながら、同時に正義の理念によって鼓舞されている。ヘーゲルによれば、またコジェーヴによれば、労働という顕在的行為は他者の存在を前提とする。なぜなら、経済的人間は同時に虚栄心をもつ人間だからである。虚栄心をもつ人間は、承認、すなわち、自己意識の条件そのものを熱望する。また、この自己意識とは、裁く意識と裁かれる意識との絶え間ない往復運動に他ならない。ここに、法現象と、それ以外の宗教現象や道徳現象、経済現象、政治現象との本質的な差異がある。言い換えれば、コジェーヴの法哲学の核心をなすものは確かに理念の展開であるが、この理念は正義の理念であって、ヘーゲル的な自由の理念ではない。

権威の問題は『粗描』でも取り上げられている。それは、コジェーヴが「家族社会の法」を論じる際に必然的に問題となる。『粗描』の四九九頁〔邦訳七三七頁〕の注には次のような指示がある。「私の権威に関するノートを見よ（家族的領域については、それを補充する必要があるだろう）（国家においては、とりわけ対外政治において、敵との関係において、主人の権威が優越するように見える。他方、国内政治において、友と友との関係においては、指導者の権威が優越する）」。これ以外にも、『粗描』のなかには、コジェーヴの思考における法の現象学と権威との結びつき、より正確には、法の現象学と権威の様々なタイプとの結びつきを示す重要なくだりが含まれている。例えば、次のような箇所がそうである。「家族が訴えるのは、存在の権威であって行為の権威ではない(9)」。

「ところで、存在の権威とは〈父〉タイプの権威である。存在するものの原因の、作者の、起源の、源泉の権威であり、存在の存在論的〈惰性〉という事実だけで現在のなかで維持される過去の権威である。政治的領域においては、行為の（現在の）権威、したがってプロジェクトの（未来の）権威、すなわち〈主人〉タイプと〈指導者〉タイプの権威が優越する。家族的領域においてはその反対に、第一の権威、土台となる権威は、〈父〉タイプの（過去の）権威である。裁判官の（〈永遠〉すなわち公平性の）、（予見し導く）指導者の、（みずから決断し行動する）主人の権威は、ここでは（自己同一的な過去の存在を生み出し、その永続性を保証する）父の権威から派生している。国家においては逆に、父（および裁判官）の権威が主人と指導者の権威（主人の権威のほうが優越しているが）から派生している。だからここでも、家族と国家とのあいだには本質的な差異がある。一方では、血縁者たちは共通の敵に対峙する友ではない。他方では、統治者の主人的・指導者的権威を承認するのは被統治者ではない。血縁者たちは血縁の度合いに応じて愛し合うのであり、したがって、血縁者たちはとりわけ彼らの共通の親族、先祖、彼らが肯定的価値を認める存在の源泉と起源とを愛するのである。彼らが権威（それは彼らに政治的統一の見掛けを与えるが、実際にはそれは単なる家族的統一にすぎない）を承認するとすれば、その権威は彼らがとりわけ承認する〈親族〉のもつ「父」タイプの権威である。存在としての存在のもつこの「父」タイプの権威は、奴隷や従僕といった家族の非血縁メンバーたちによっても承認されるし、場合によっては他の家族からも承認される。したがって、血縁者たちの家族的組織は、国家の政治的組織とはまったく異なる。つまり、血縁者たちは彼らの存在を決定する血縁関係に応じて（愛または権威によって）互いに従属しあうが、彼らは厳密な意味では統治されているのではない[10]」。

これらのくだりから、「権威に関するノート」が書かれた時期は、そこに「法に関するノート」（本書四九―五〇頁）や「国家に関する特別なノート」（本書一二三頁）を参照せよという指示があるにもかかわらず、『粗描』が書かれた時期よりも前であることが確かめられる。のちに『法の現象学粗描』というタイトルで出版されることになったタイプ草稿の最初のページには「マルセイユ、一九四三年」と記載されているのに対して、『権威の概念』の手書き草稿の最後のページの末尾には「A・コジェヴニコフ、マルセイユ、一九四二年五月十六日」という署名がある。この日付から、連合軍の北アフリカ上陸（一九四二年十一月九日）とドイツ軍による「自由」地区占領までのあいだには、およそ五ヵ月の隔たりがある。また、フォン・パウルスがスターリングラードで降伏するのは、さらにくだって一九四三年初頭のことである。したがって、時期的により近いといえるのは、ピエール・ラヴァルのかの有名な演説——「私はドイツの勝利を望む。さもないと、ボルシェヴィズムが明日にでも至るところに浸透してしまうだろう」——が行われた一九四二年六月二十二日である。

ところが、「権威の概念」論の出版は『粗描』の出版よりもさらに遅れることになる。その理由は、ドミニック・オフレ氏が指摘しているように、このテクストが「長いあいだ入手不能だった」からである。「権威の概念」のテクストは、はじめ国立図書館の書庫で保管され、次いでフランス国立図書館の書庫に眠ったままとなっていた（一九九四年に、国立図書館はフランス国立図書館に改組・改称された）。それが今こうして出版される運びとなったのは、このテクストが、あるときたまたま幸運にも手稿部門の管理部長だったフロランス・ド・リュシーの目に留まったおかげであり、さらには、ニーナ・イヴァノフがコジェーヴの未発表原稿を寄贈してくれたおかげである。こうして、法や政治や哲学に関するコジェーヴの既存の著作を今や現象学や形而上学や存在論の見地から補うことが可能になった。コジェーヴ自身はといえば、一九四二年にこのテクストを書いて以来、残りの年月を一行政官僚として過ごしながらヨーロッパの再建に力を尽くしている。なお、彼はそこでの経験の成果をレオ・シュトラウスとの論争の際に披露しているが、このレオ・シュトラウスこそはコジェーヴの数少ない対話者の一人であった。レオ・シュトラウスは、クセノフォンの対話篇『ヒエロン、または僭主制について』の注釈書を出版しているが（邦訳『僭主政治について』上下、現代思潮新社、二〇〇六―〇七年〕、一九五四年に出たそのフランス語版には、「僭主制と知恵」と題するコジェーヴの実質的なシュトラウス批判の論文が付録として掲載されている。この論文は、コジェーヴ独自の洞察に満ちた探究がいかにして成立しえたかを知りたいと思う者にとってはきわめて重要なテクストである。それによれば、歴史とは哲学者たちによって導かれる一連の政治的行為に他ならず、この哲学者たち自身もまた「知識人媒介者たち」の助けを借りているのである。

コジェーヴが本書に与えたタイトルは『権威の概念』である。その冒頭は、「奇妙なことだが、権威の問題と概念はこれまでほとんど研究されてこなかった」という指摘で始まる。続いてこう言う。「権威の移転や権威の生成に関する諸問題ばかりが人々の関心を集めてきたが、この現象の本質自体が関心を引くことは稀であった。にもかかわらず、権威としての権威が何であるかを知ることなしに政治権力や国家の構造そのものを論じることは明らかに不可能である。したがって、暫定的にではあれ権威の概念の研究は不可欠であり、この研究は国家の問題の研究全体に先行しなくてはならない」。コジェーヴがこう語ったとき、その念頭にあったのは、独裁と例外状況をめぐるヴァルター・ベンヤミンとカール・シュミットの論争であった(11)。冒頭のコジェーヴの指摘は、とりわけこの論争との関わりにおいて注目すべきである。だが、コジェーヴが本書を執筆した一九四二年時点から本書の出版までのあいだに、コジェーヴ存命中の期間も含めて、権威をめぐる哲学的考察はかなりの進歩を遂げた。したがって、権威の問題を無視したり、瑣末な扱いしかしない研究は別として、いくつかの優れた研究が存在することは否定できない。だが、これらの研究と比較してもなお、コジェーヴの分析は、そのアナクロニズム的な部分を除けば、今もって根本的なものであるし、また根本的であり続けている。

*

その理由はやはり何といっても、コジェーヴの分析が、社会学的進化の諸々の帰結を明らかにするばかりか、この進化の行き着く果てが何かということまで示すからである(12)。社会学的進化は伝統的権威の没落を前提とする。また、この没落は、権力と大衆の間に介在する同業者団体やコミューン、教会や家族といった様々な先行諸制度の衰退と不可分である。この進化の過程で、(社会的な)権威と(政治的な)権力との区別がやがて浮き彫りとなる。権威は、保守派や過激派が抱く中間団体への愛着を反映する。それに対して、権力は、フランス革命から引き継がれた社会モデルや、革命を通じて啓蒙思想から、とりわけルソーのそれから引き継がれた社会モデルの土台をなす。周知のように、ルソーは国家内部の「部分的アソシアシオン〔結社〕」に対してきわめて敵対的であった。次いで、諸々の共同体が回帰する時代が訪れる。この時代に特徴的なことは、権威と権力の位置関係や役割関係に応じて、そこにある種の分割線が引かれる点である。この点では、トクヴィルからマルクスに至るまで、またデュルケムからジンメルその他に至るまですべて共通している。大企業のなかに権威が根強く残る事実はエンゲルスによって確認されている(13)。また、官僚制はウェーバーの権威理論のなかで中心的な役割を演じている。統合を前提とした三者関係――国家、集団、個人

――、支配と服従の循環関係、複数の支配と複数の従属との循環関係……とはいえやはり、権威が知覚されるのは区別によって、あるいはむしろ、権威ではないものとの関係において、つまり否定によってである。この点に関して、コジェーヴの分析手法はまさしく決定的であるといえる。

とはいえ、コジェーヴ以降の分析も無視するわけにはいかない。とりわけ、ハンナ・アレントの分析は重要である。一九五八年に発表されたアレントの論文――一九七二年にその仏語訳が『権威とは何か』というタイトルで出ている――における分析は、単なる権威の定義や概念をめぐる考察の域を文字通りはるかに超えている。(14) ハンナ・アレントはそのなかで、「あらゆる伝統的権威が多かれ少なかれ全般的、劇的に崩壊した」ことを確認したうえで、次のように強調する。この危機は「子供の養育や教育のような前政治的領域にまで蔓延している。だが、子供の養育と教育は元来、つねに最広義の権威を当然不可欠のものとして受け入れ、また自然的必要つまり子供の無力のみならず、政治的必要――既成の文明の存続はひとえに、新たに生まれてきた者が彼らの見知らぬ既存の世界へと導かれることにかかっている――からも明らかに権威を要求してきたはずであった(15)」。

ハンナ・アレントによれば、古代ギリシャ・ローマの遺産は、キリスト教を経由してさらなる拡大を遂げたのち、伝統、宗教、権威という三つの構成要素の組み合わせに基づくひとつの概念を後世に伝えた。だが、この遺産の歴史は、ここ何世紀かのあいだに伝統の消滅や宗教の衰退という事態に見舞われてきた。相対的に安定的であったはずの権威さえも、今や根底から揺らぎ、いずれは消滅する運命にある。だが、この消滅は、「長きにわたって西洋世界で妥当してきたきわめて特殊な形態の権威」の消滅にすぎない。したがって、「理論的にも実際的にも、もはや我々〔西洋人〕は現実に権威とは何であるかを知る立場にないのである」。ハンナ・アレントは続けてこう言う。「この問題の答えは〈権威一般〉の本性ないし本質の定義からは決して得られない[16]」。

にもかかわらず、彼女の一連の論証は、実際に意図したわけではないにせよ、権威一般の定義に向かっている。そこに彼女自身の多少とも自覚的な期待がはからずも露呈しているが、そうした期待に応えるものが、まさしくこのコジェーヴの分析に他ならない。今や崩壊途上にありながら、それでもなお、時代の幾多の変転を乗りこえて、伝統と宗教と権威の強固な結びつきから生まれた一つの理念型を提示し続けてきた伝統。だが、その根源にあるものはいったい何か。それを予感させるものは、またしてもギリシャ哲学のなかに見出される。それは何よりも排他律にもとづいて発見された。権威は必ず服従を伴い、つねに服従を要求する。にもかかわらず、それは強制や説得とは相容れない。なぜなら、強制と説得はともに権威を無用にするからである。世界史におけるこの特異な時代状況のもとで、権威は他と明確に区別された独自のものとなる。プラトンは、この権威の独自性を、羊飼いと羊の群れ、船頭と乗客、医者と患者の関係になぞらえて理解した。だが、この「権威という言葉と概念[17]」は、古代ローマにおいては、都市や家やかまどの神聖な基礎として発見される。

ローマ法の本質をこのように定義することで、これまでローマ法学者たちが行ってきた分析の要点はほぼ尽くされる。これらの学者たちのなかには、「*auctoritas*〔権威〕の概念のもつ多様な法的側面を単一の概念で表現し尽くすこと」[18]は不可能であると考える者たちも含まれる。たとえば、私法の面では、父または後見人が *auctor*〔保証人〕―― *auctor* は *augere*（増大させる）に由来する――になることができるのは、彼が *auctoritas* をもっているからである。「*auctor* が何かを承認したり追認したりする場合、この *auctor* は、他者の活動を前提としたうえで、この活動に有効性を付与しているのである」[19]。この *auctor* の権限は「人格に付随する属性であり、もともとは自然人だけに認められていた〔…〕それはローマ人だけがもつ特権、権利であり、必要に応じて、ローマ人以外の者たちによって生み出された法的状況を判断するための基礎となる」[20]。他方、ローマ公法の面では、およそ紀元前五世紀半ばの十二表法の時代に、ローマ平民は *res publica*〔公の事柄、国政〕の元老たちと法の制定に携わる権利を勝ち取ったが、これらの法律はその後も長くパトリキ〔貴族〕の元老たちによる正式の承認を必要とした。なぜなら、こうした手続きによってのみ、法律は *auctoritas patrum*〔父の権威〕をもつことができたからである。のちに、この *auctoritas* は元老による事前の同意を意味するものとなり、さらには単なる意見にすぎなくなる。もっとも、元老の意見をまったく無視して法律が可決されることはさすがに稀であった[21]。元老の権威が一見このように縮小したことは、かえって権威の概念の発展を促す結果となった。この発展は、その語源が示すように、宗教と都市国家の土台そのものの強化に対応している。要するに、権威とはもともと神秘的で神聖な基礎という意味だったのである！　ここに、権威の概念を *imperium*〔最高命令権〕とも *potestas*〔権限〕とも同一視できない理由がある。権威とは、モムゼンによれば「命令以下だが勧告以上」[22]である。

それは、聴従されるための強制を含むどころか、むしろその正反対である。それは「適法性を与える潜勢力[23]」であり、「*potestas* が生じているところではそれを停止させ、*potestas* がもはや効力をもたなくなったところではそれを復活させる力として作用する[24]」ように見える。この権威の概念の遺産は、ずっとのちにマックス・ウェーバーによって引き継がれ、そこでカリスマ的権力が *auctoritas* の概念と結びつき、さらには、指導者権力の理論、すなわち *Führertum*〔総統支配体制〕の理論とも結びつくことになる。

＊

コジェーヴは、本書がいかにささやかな試みにすぎないかを再三強調しており、また、そこかしこで研究のアウトラインを示すにとどまっている。だが、同じくらい目につくのは、そこでおびただしい数の句読記号が実にめまぐるしく用いられることである。そこでは、大文字や括弧や注が次々と繰り出され、しかもそれらが互いに参照しあっている。これらはすべて、過去に提案された四つの還元不可能な理論——神学的理論、プラトンの理論、アリストテレスの理論、ヘーゲルの理論——を踏まえつつ、さらにそれらを超えて権威の概念を描き出そうとするコジェーヴの苦心の現れである。本書では、はじめに分析が示され、次いでこれらの適用が検討される。

コジェーヴが行う最初の、そして最も重要な分析は、現象学的分析である。このことは、『法の現象学粗描』をすでに読んでいる者にとっては何ら驚きではない。分析はいきなり包括的アプローチから出発する。社会現象としての「権威とは、一人の行為者が他の複数の行為者に対して（または一人の行為者に対して）働きかけることの可能性である。このとき、他の行為者たちは対抗行為をなす可能性をもつにもかかわらず、相手に対して対抗することはない」。「行為者は、権威をもって働きかけることによって、外部の人間的所与を変化させることができるが、その反作用を被ることはない、すなわち、この行為によって自分自身を変化させることはない」。説明。「私が誰かを部屋から出て行かせるために腕力を使わなくてはならないとすれば、私はこの行為を実現するために自分自身の行動を変化させなくてはならないが、しかしまさにそのことによって、私が権威をもたないことが明らかになる」。ここに権威の概念の独自性がある。すなわち、権威は「物理的強制力を排除するが、法は物理的強制力とは別ものであるにもかかわらず、物理的強制力を含み、かつそれを前提している」。権威は必ず人々による「承認」を必要とする。したがって、「現に存在する人間的権威はすべて、その存在の原因、理由、または正当化をもたなくてはならない。すなわち、存在理由をもたなくてはならない」。言い換えれば、ひとが権威を被りながらもそれに対抗せず、自覚的かつ自発的にそれを承認してしまうとすれば、そこには何か理由があるはずである。では、権威とはいったい何か。

現象学的方法は、厳密な意味での証明抜きに事実を想定し、結果を指示する。この方法によって、コジェーヴは「単純で、純粋または要素的な」四つの権威タイプを区別する。すなわち、子供に対する父の権威、奴隷に対する主人の権威、同輩集団に対する指導者の権威、自らが裁く一者または複数者に対する裁判官の権威である。多種多様な権威はすべてこの四つのタイプのどれかに分類される。たとえば、伝統の権威は父の権威に、貴族の権威は主人の権威に、上官の権威は指導者の権威に、聴罪司祭の権威は裁判官の権威に、それぞれ対応する。また、最後の聴罪司祭のケースは、複数の権威タイプに同時に帰属する混合的権威の典型例である。

前記の四つの哲学に話を戻そう。コジェーヴによれば、これらの哲学はそれぞれ権威の四つの純粋タイプに対応している。例えば、ヘーゲルの思想は主人の権威に対応している。また、おそらくヘーゲル自身もこの主人と奴隷の関係を「権威の一般理論」と見なしていた。だが、主人と奴隷の関係は、父や指導者や裁判官の権威を説明できない。一方、アリストテレスによれば、別の権威タイプのほうがより重要である。すなわち、指導者のタイプである。このタイプは、他の権威タイプよりも予見能力に優れ、かつより知的で洞察力に富んでいる。また、指導者はプロジェクトを構想し、指揮命令を行う。他方、プラトンの考えはさらに異なる。それによれば、あらゆる権威は正義ないし公平に基づくか、または基づくべきであるという。つまり、裁判官の権威こそが重要であり、かつそれだけが重要である。「不偏不党性、客観性、没利害性、等々の主張は、つねに権威を要求する」。さらに、「正義の人または誠意の人は、たとえ調停者の役目を果たさない場合でも、異論の余地のない権威をもっている」。最後に、スコラ学的理論ないし神聖政治的理論は父の権威に対応している。ただし、そこに見られる普遍主義的体質や排他的性格は他の三つの理論の場合と同様である。実際、父の権威は他の三つの権威と同じく神的本質をもつ。なぜなら、この本質の出所は神であり、この神からこの本質が世襲的〔遺伝的〕に伝達されるからである。「父なる神、〈天にまします我らが父〉は、〈世界と人間の創造者〉と見なされる……神が〈人間たちの父〉であるのは、神が人間を〈創造する〉ことによって、実際に人間たちを〈生んだ〉からである……」。

これらの哲学的理論はすべて排他的な理論として提案された。にもかかわらず、コジェーヴによれば、それらはいずれも権威の四つの純粋タイプを説明し尽くすことに成功していない。この分析によって、複数の権威タイプの存在があらためて確認される。その結果、独断に基づくあらゆる無用な論争が斥けられる。こうして得られる権威の類型論は、マックス・ウェーバーの理念型の理論にも匹敵するほどである。しかも、この点は忘れてならないことだが、そこでは権威の様々な組み合わせの可能性が決して排除されていない。また、これらの組み合わせは端的に、どの権威要素が優越しているかによって互いに区別される。さらに、コジェーヴはありうべきすべての権威タイプの完全な一覧表をも提示する。そこでは、「四つの純粋タイプをすべて含む全体的な権威と、これらのタイプの一つか二つまたは三つしかもたない選別的な権威」を区別することによって、さらにいっそう細かい現象学的分析が展開される。ただし、現実のあらゆる権威は、「実際には多かれ少なかれ全体的」である。「言葉の強い意味での絶対的な権威というものが、実際にはけっして実現されないのは明らかである。ただ神だけが絶対的権威をもつと見なされる（あるいは、より正確に言えば、それをもつべきである）」（本書八一頁）。

父の権威やそれ以外の権威に着目することで、とりわけ近ごろ懸念が深まっているいくつかの混乱状況を権威の衰退という観点から捉えなおすことが可能になる。そうすれば、家族や教育の荒廃をいたずらに嘆くばかりでなく、これらの問題の本質をより適切に把握できるようになる。その本質とは、他ならぬ父の権威がいまや隠蔽や抑圧の対象と化したという事実である。精神分析学の知見がここでどう役に立つかは、いま検討すべき事柄ではない。むしろ重要なことは、家族関係や擬似家族的な関係における権威の役割をもういちど見直すことである。そうすれば、公法と私法という二分法の乗り越えも可能になる。古代ローマでは、*auctoritas* という語は、とりわけ孤児の行為に対してその後見人が与える正式の保証を意味していた。そのかぎりで、このアウクトリタスは単なる妥当性のことではないし、ましてや単なる実効性と同義ではない。また、この保証は権力の顕在化とも異なる。法律用語が進化したおかげで、一度は廃れかけたこの概念の存続または回帰が確実なものとなった。これまでは、ナポレオン法典から——その内容と精神が——引き継がれた父権という表現が、子供の人格に対する親の権力を意味する用語として長く用いられてきた。だが、今ではそれが親の権威という表現に置き換わっている。この置き換えは一九七〇年六月四日の法律によって実現したが、その背景には家族関係の深層変化がある。だが、この変化を正しく理解するためには、コジェーヴ的な意味での権威の概念がもつ象徴的な価値や意味をあわせて考える必要がある。

　いかなる権威であれ、その生成は自然発生的であり、父の権威も例外ではない。ただし、父が父の権威をもつためには、「父になるか、または——派生的なケースでいえば——多少とも時を経た年齢に達している」必要がある。いずれにせよ、「権威を体現しつつある者の行為とは別の行為によって」生み出される条件つき権威などは存在しない。こうして、コジェーヴはルソーとその社会契約論から距離を置く。なぜなら、社会契約論の分析によれば、契約から生まれる権威は「それ自身とは別のものによって条件づけられて」おり、したがって、すでに実在する別の権威によって条件づけられているからである。現象学的分析は、社会契約や「(政治的その他の)選出の存在に関する誤った解釈」によって権威が生まれる可能性を斥ける。選出は、それまで存在しなかった権威を新たに生み出すことはできない。また、多数派や少数派だけがもつ純粋で独自の権威なるものも存在しない。そもそも、部分に対する全体の、少数派に対する多数派の全面的で絶対的な権威ということが言われ始めたのは、一般意志が「神的な(また、宗教的な指導者たちによって解釈される場合は「イデオロギー的な」)性格をもつことを止めた」ときからであり、このときはじめて、「一般意志が多数派の意志を通じて表明される」という考え方が生まれたのである。したがって、コジェーヴにとって社会契約論はいかなる意味でも権威の生成の理論ではありえない。今後、政治学や政治哲学はもはやこのコジェーヴの論証を避けては通れないであろう。

同じことが権威の伝達の分析についても言える。それによれば、権威の伝達は世襲か選挙または指名によって行われるが、この伝達という語は、権威が特定の人物との結びつきをもたずに——つまり、つねに同じものとして、またそれ自体として——存在することを前提している。伝達が世襲による場合、この伝達様式に最も適合的なのは、父の権威と関わりをもつ権威——たとえば伝統の権威――である。あとの二つの伝達様式は、一見したところよく似ているが、実際は別ものである。「[…]権威候補者が権威、それも同じタイプの権威を自ら所持する者（または者たち）によって指示されるとき（たとえば、ある指導者が別の指導者によって指名されるとき）、指名による権威の伝達がある。候補者がいかなる権威ももたないか、または別のタイプの権威をもつ者たち（または者）によって指示されるとき（たとえば、裁判官が指導者によって指名されるとき）、選挙による伝達がある」（本書一〇一頁）。この分析の結果、コジェーヴは次の結論に達する。すなわち、選出者が固有の権威をもたず、その選択が他の者たちにとって何の価値ももたない場合、「厳密に言えば、この選挙は本質的にクジ引きと同じである」。また、「陪審員をクジ引きによって選ぶことは、裁判官の権威の一種の自然発生的生成である」。だが、これ以下の部分については、コジェーヴ自身も指摘しているように、現象学的に見ればなお多くの補充的分析を必要とする。

とはいえ、コジェーヴ自身の目指すところは現象学的分析にとどまらない。この点で、本書の姿勢は『粗描』と共通する。すでに『粗描』では、あらゆる人間的現象を法的現象とそうでないものとに分ける必要性が指摘されているが、それは、「満足のゆく定義、つまり当の現象のすべてに、そしてそれらのみに当てはまる定義」を見つけだすためである。「さらに、現象学的記述を、記述された現象の形而上学的（宇宙論的）で存在論的な基礎構造の分析によって補完しておかねばならない。こうしておけば、将来新しい事例が出現し、現在と過去に実現した事例には合致していた定義の修正を迫られるという危険に備えることができるだろう[…]もちろん私は、本書のなかでこの理想を実現しようというつもりはない。［…］私は、形而上学的分析や存在論的分析をすべてわざと避けた(25)」。

ただし、権威の概念についてはこの限りではない。なぜなら、本書では現象学的分析のあとに形而上学的分析と存在論的分析が続くからである。もっとも、この二つの考察はいずれもごく手短なものにすぎない。おそらく、これらの補充箇所は、時間さえ許せばそのまま法と法の本質に関する研究としてまとめられた可能性が高い。ところで、権威の現象学は間違いなく権威の哲学的考察にとって重要であるが、それが権威についての認識や理解を十分に汲みつくしたとはなお言いがたい。なるほど、権威の四つの純粋タイプが四つの哲学理論に対応していることはよくわかる。しかしだからといって、これらの権威タイプに共通するものの探求がそれで用済みになるわけではない。なぜなら、「権威」という語はこの共通のものに対してこそ用いられるからである。したがって、権威の探究はおのずと一つの方向に向けて収斂していくことになる。

*

かくして権威の考察は形而上学の道をたどる。その出発点は、権威が必然的に社会的で歴史的なものであるという考え方であり、そこでは対抗行為の可能性があらかじめ想定されている。それは社会に関する考察であり、より正確には国家に関する考察である。たとえば、宗教的国家、政治的国家、等々。ただし、本書は主として政治的国家を扱っている。コジェーヴによれば、権威の基礎は人間的または歴史的な「時間という本体の変容」である。また、自然的時間は現在の優位（物理学）か過去の優位（生物学）のいずれかに対応するが、権威の時間は逆に未来の優位と結びついている。「最も権威らしい権威とは、普遍的な〈プロジェクト〉をもつ〈革命的な〉（政治的に、宗教的に、等々）指導者の権威である」。だが同時に、「時間は時間であるかぎりにおいて［…］その三つの様態すべてにおいて権威をもつ」ことも疑問の余地のない事実である。

過去（「尊敬すべき」過去）が重要であることは論を待たない。ハンナ・アレントの分析は、このことを創設と伝統という観点から明らかにした。時の流れは、人々の信仰や想像力と結びつくことで慣習の義務的な性格を築きあげるが、それは同時に民族や国王たちの正統性の土台でもある。この共通の土台から境界線や同一性をめぐる争いが生じることもあるが、時の流れはいつしかそれを克服する。だが、コジェーヴによれば、未来の権威、「明日の人間」の権威、「青年たち」の権威というものも存在する。では現在の権威はどうかと言えば、それは日常的に生きられている。「流行」の権威はその一例であるが、より一般的には、それは「過去の詩的な非現実性や未来の非現実性とはまったく逆に［…］何ごとかが世界内に現実に現前すること」が帯びる権威である。

だが、権威の形而上学的分析とその時間性の考察の最も重要な発見は、「［…］これらの〈時間的な〉権威すべてに、永遠の権威［…］、時間の否定、すなわち時間の一関数が対立している」という事実である。そこから最も肝心な次の問い、すなわち、永遠の権威は「独自の権威であるのか、それとも、四つの〈純粋な〉権威タイプの形而上学的土台の直接的な〈顕われ〉なのか」（本書一〇九頁）という問いが提起される。コジェーヴ自身は二番目の仮説を支持しており、この仮説によって永遠のもつ重要性が最終的に裏づけられる。永遠は、時間との関わりにおいてのみ、また時間との関わりによってのみ権威的である。「〔…〕永遠は時間の個々の様態の否定であるから、この永遠を時間の個々の様態の全体性または統一と見なすことができる」（本書一一二頁）。ところで、永遠が時間の諸様態の統一であることは、「裁判官の権威が永遠なるもの〔神〕の権威に近似していること」を示唆する。このことは、ある意味で裁判官の地位を強化することにもつながる。「〔…〕裁判官の権威（〈正義〉）もまた、他の三つの権威の〈統一〉として解釈することができる。つまり、これら三つの権威がともに裁判官または〈正義〉の権威に従属することで、はじめてそこに調和的統一や安定的または〈永遠的〉な統一が生まれるのである」（本書一一二頁）。

　コジェーヴの議論には二つの行き方がある。一方でそれは、過去の権威、未来の権威、現在の権威の主な（明白な？）事例と見なされるものをいくつか取り上げたうえで、それらの背後に隠された真実を徐々に明らかにしていく。他方でそれは、原因性の観点から、永遠なるものの現実存在を考慮に入れないあらゆる説明を斥ける。「〔…〕永遠が〈形相因〉によって現実化されるとすれば、時間は過去を〈質料因〉として、未来を〈目的因〉として、現在を〈動力因〉として現実化する（アリストテレスを参照せよ）」（本書一一六頁）。ただしもちろん、永遠なるものを考慮に入れることは、形而上学的分析が現象学的分析を「正当化」する妨げとはならない。

　裁判官の権威と永遠なるものの権威の類似性は、裁判官の権威が他の三つの権威から相対的に孤立している点や、これらの権威に対して優位に立つと見なされる点からも明らかである。こうして、裁判官や裁判制度にまつわる古くからの謎の数々は、きわめて明解な哲学的方法によって、これまでになく説得的な回答を与えられる。この回答の正しさを示す証拠として、少なくとも二つの明白な謎を指摘できる。一つは、司法権力を立法権力や執行権力と同列に置くことの是非に関して、政治哲学がいまだに深い沈黙を続けている事実である。おそらく、この問題は歴史の遺産と深い関わりがある。一七八九年宣言の有名な第一六条は次のように明記している。「権利の保障が確保されず、権力分立が定められていないすべての社会は、憲法をいっさいもたない」。ところで、権力分立と諸権限の分離とは互いに区別しなくてはならないが、職務分割の問題もそれに劣らず重要である。さらに、ヒエラルヒーの問題も忘れてはならない。とくに立法権力と司法権力との関係が重要であるが、それ以外の関係も無視できない。また、立法権力が裁判や司法権限に介入することは禁止されておらず、この介入はとりわけ法の遡及的適用や法解釈によって、また場合によっては事後承認の法律によって実現される。その反対に、一七九〇年八月十六―二十四日の法律は、法廷が「直接的または間接的に立法権力の行使に関与すること、立法機関の決定の執行を妨害または差し止めることは、背任行為にあたる」として全面的に禁止している。さらに、一九五八年憲法は、執行権力を一段と強化する一方で、司法については周知のように、それが十分な正統性を欠くという理由から「権力」という語を適用することさえ拒否している。その代わり、それは単に「司法的権威」と呼ばれ、政府や議会よりも下位に置かれたのである。だが、こうした政治的意志といえど、それ自体としては、コジェーヴが言う意味での裁判官の権威を損なうことはけっしてできなかった。このことは、のちの歴史が十分に証明している。司法に対する不信感が強まってきたのは、司法の脆弱さのためというよりもむしろ、裁判実務に携わる幾人かの者たちが示した逸脱的振る舞いのせいである。言い換えれば、彼らが裁判を執行できたのは、彼らが裁判権限をまさしく簒奪したからである。だが、簒奪されたのが誰であるかはあえて指摘するまでもなかろう。なお、裁判官の決定に関しては、さらに次のように言うことができる。判例のもつ権威は、手続き上は、判例のもつ強制力よりもはるかにいっそう重要である。なぜなら、司法的真理はしょせん相対的真理にすぎないが、それは宣告されることで実際に権威をもつからである。

一九四三年の『粗描』ではあくまで法現象の記述に徹するとしていたコジェーヴだが、事実はヘーゲルの考えに倣って法の基礎の問題にも深い関心を寄せていた。ヘーゲルの思想にとって何よりも重要なのは、概念の運動に支えられた法の発展である。「法の原理は自然界には存在しない。法の領域、それは自由の領域である……」。言い換えれば、ヘーゲルの法哲学の核心にあるのは自由の理念の展開である。それに対して、コジェーヴの法哲学の核心にあるものはたしかに理念の展開であるが、その理念は正義の理念に他ならない。

本書においてコジェーヴは、権威の概念の存在論的分析を今後に委ねるとしながら、代わりに「いくつかの歴史的考察を手短に」行っている。その目的は、四つの権威現象に対応する存在としての存在の構造、永遠と時間の形而上学的な現実存在を顕在化させる存在としての存在の構造を明らかにすることである。この点に関して、前記の四つの哲学理論（ヘーゲル、アリストテレス、プラトン、スコラ学）に含まれる存在論的分析はいずれも不十分である。なぜなら、それらはすべて普遍的理論、つまり、他の諸理論をすべてカバーするそれ自身一個の全体と見なされていたからである。だが、こうした見方は間違っている。したがって、議論をさらに深める必要がある。もっとも、コジェーヴの議論自体は、失敗したとは言えないまでもあまりに簡潔すぎて、読者にとってはいささか不満が残る。とはいえ、そこには「存在論の概要を仕上げたあと」で権威の存在論的探究がたどるべき道筋が示されている。すなわち、「決定的であると想定された」存在論から出発して諸現象へと向かい、次いで、諸現象から「存在としての存在へと」向かう「永久的な往復」運動のなかで、この探究はいつの日か「真に決定的な哲学に、すなわち絶対的に真実の哲学に」到達するのである。その手続きはプログラムの形でしか示されていないが、かといって、これ以上のものを著者に期待することもできないであろう。なぜなら、永遠なるものとは言わないまでも、永遠に言及すること自体がすでに——不信心者、不可知論者、無神論者にとってさえ——権威の神聖さをはるかに超えた還元不可能な超越性への訴えを含んでいるからである。

＊

本書の後半部は前半部の分析の「演繹」にあてられているが、他方でそれは、この分析の正しさを裏づけるための「適用」でもある。ここでも読者は次のことを事前に知らされる。すなわち、問題は政治的、道徳的、心理学的な適用であるということ、そこでは具体的な事例を尽くすことよりもむしろ議論の筋道のほうが重要であること、その議論の舞台は政治的領域であって、たとえば宗教的領域、等々ではないということである。

厳密な意味での政治的適用にとっては、国家が明らかに最も重要である。国家の権威は一、つであるが、その担い手は個人でも集団でもありうる。この事実を発端として、古代や中世以来、そしてとりわけ近代以降、権威の「純粋」タイプの様々な組み合わせに関する斬新で洞察に満ちた議論が数多く生まれてきた。とりわけそこで論争の的となってきたのは、三権——執行権力、立法権力、司法権力——分立、様々な革命理論、政治的支配勢力としてのブルジョワジーの役割——その影響力と地位は、時間の三つの様態との関わりによってのみ十分に説明できる——、政治的価値の担い手としての伝統、保守政党とリベラル−ラディカル政党との対立、裁判官の地位をめぐる「政治理論の（カント的）アンチノミー」、等々の問題である。「純粋」タイプの組み合わせから生じる様々なヴァリアントの意味は、これらの諸問題を検討するなかではじめて明確になる。

ところで、国家三権の区別は憲法学や政治哲学の常套句であるから、それが特権視されることは何ら驚きでない。だが、純粋な権威タイプが仮に四つあるとすれば、この伝統的な三分割はそのままでは維持できなくなる。あるいは逆に、父の権威をそこに数え入れること自体がすでに微妙な問題を孕んでいるかもしれない。また、裁判官の権威が孤立的であることはすでに見たとおりだが、その理由はいたって単純で、司法に依存する政治はどうしても司法に嫉妬の念を抱きがちであるから、「(政治的な) 裁判官の要素を指導者－主人の要素から分離せざるをえない」のである……。また、とりわけ立法「権力」と執行「権力」の関係の分析に関して言えば、それらは現代的文脈においてもそうでないところでもきわめて有効である。指導者の権威が未来に軸足を置き、主人の権威が現在に軸足を置くとすれば、裁判官の権威は過去に軸足を置くと言えるかもしれない。三つの権力、三つの時間様態。だが、この三位一体は何が何でも死守すべきものなのだろうか。その変化はときに後退と見なされ、ときに進歩と見なされる。なぜなら、既存の権力構造から歓迎されない権力、たとえば経済的権力やメディア権力等がいつも存在するからである。これらの権力は、たとえ法の脇に追いやられ、ときには法の闇に追い込まれようとも、いつしか必ず自らが被った既存権力からの疎外や無視に対して復讐を遂げる。要するに、国家の一般理論はもはや、政治的権威に関するあらゆる議論、たとえば、政治的権威の形態的な単一性や複数性に関する議論、政治的権威が同じタイプ同士で伝達される場合や異なるタイプの間で伝達される場合に関する議論、等々を避けては通れないのである。

また、権威の「道徳的適用」やコジェーヴの言う「権威道徳」というものももちろんあり、それらは権威の維持にとって不可欠である。権威を獲得し行使するためには、何よりもまずこの権威道徳を作り出さなくてはならない。ただし、それらの性質や性格は権威タイプごとに異なる。ところで、権威道徳といえば、伝統的にはとりわけ裁判官の権威道徳のことを指すと考えられてきたが、実際には、裁判官の権威道徳だけが議論されてきたわけではないし、我々自身の過去をふりかえればわかるように、また中世の日本やインドの研究が教えているように、権威の研究には多様なアプローチが不可欠であり、とりわけ主人の権威についてはそうだといえる。こうした認識をもつことで、歴史上の数々の悲劇的紛争はこれまで以上に理解しやすくなるはずであり、その意味で権威の研究は今後ますます重要になるだろう。だがとりわけ重要なことは、これらの認識によって、「キリスト教的またはブルジョワ的道徳」の色濃い従来の不完全な権威分析を乗り越えることができるということである。なぜなら、この道徳は、少なくともその成立当初においては、「主人」道徳とは正反対の「奴隷」道徳と深く結びついていたからである。

道徳の領域には、権威の異なる純粋タイプと関わりをもついくつかの形態が存在する。だが、いずれにせよ確かなことは、権威がそれに抵抗する力の存在を前提すると同時に、その抵抗の不在、より正確にはその服従をも含意するということである。もっとも、コジェーヴ自身はこの服従という言葉をめったに使わないが、我々がこの概念をあえて使用するのは、コジェーヴの議論に別のあらたな側面を付け加えたいからである。すなわち、抵抗の権利または義務、能動的または受動的な服従、権威または抑圧、権力の合法性または正統性、等々の問題である。これらを考え直してみることで、権威行使やとりわけ権威体験に関する心理学的適用の議論をより説得的なものにすることができるだろう。そして、この権威行使や権威体験こそはまさに、プロパガンダや「合理的デマゴギー」や教育といった諸力が互いに結合または反発しつつ顕在化する場に他ならない。

＊

コジェーヴは本論をここでいったん打ち切り、代わりに視線を現在に転じる。その目的は、「一九四二年現在のフランスにおいて現に存在する権威」を例にとって自らの理論を実地に検証することである。ここでいう権威とは「ペタン元帥の権威」に他ならない。コジェーヴは、ペタンが「全体的な政治的権威、すなわち、そこに含まれる四つの〈純粋な〉権威の総体、つまり、ヴェルダンの勝者としての主人の権威、出来事を予見できる指導者の権威、公正無私な裁判官の権威、過去の伝統と結びついた父の権威、これらの総体」を体現していると考える。ただし、この発言は何ら政治的賛意を示すものではないし、ましてや、ヴィシー政権やロンドンの亡命政権の合法性や正統性を云々するものではない。「コジェーヴは敵の力を抑えるには懐柔策が必要であると考えていたと推定される」とドミニック・オフレは書いている。(26)「……この考察がヴィシー政権の自己崩壊を狙った政策を理論化したものであることは確かだが、それ自体にはなお多様な解釈の余地がある。がしかし、これを書いたコジェーヴ自身はきわめて真剣であった。それを読むかぎり、コジェーヴはペタン政権の現実を考慮に入れざるをえないと考えていたようである……」(27)。ここでペタンの事例が選ばれたのは、まさにそれが世間の一大関心事だったからだが、しかしそれ以上に方法論的な配慮からであった。ゆえに、この選択自体は、対独協力やレジスタンス、右翼や左翼、あれやこれやの党派的活動とはいっさい関係がない。コジェーヴが取り上げたのは、ここがまたしても彼のいかにもヘーゲリアンらしいところなのだが、誰が見ても明らかなように、またコジェーヴの哲学理論の趣旨そのものからもわかるように、権威の四つの純粋タイプの属性をすべて併せもつ人間の権威である。

さて、そのコジェーヴによれば、元帥の権威は政権発足いらい二年を経過した時点で時間の試練にさらされている。このことは、元帥の権威の由来を考えるかぎり無理もなかった。ペタンは軍事指導者たるかぎりで主人の権威をもつが、その権威は彼の高齢ゆえに必然的に脆弱であり、それゆえ海軍提督（ダルラン）に助けを求めざるをえなかった。その父としての側面について言えば、彼と伝統との結びつきはいまや「未来へと浸透する」必要性によって弱まっている。同じことは、その裁判官としての側面についても言える。その証拠として、コジェーヴは「リオン裁判〔ヴィシー政権が第三共和制の政治指導者たちを戦犯として裁いた裁判〕の不幸な顚末」を挙げる。こうした横滑りはすべて、元帥を担い手とする権威の組み合わせにおいては指導者の権威が最も優位に立つことを物語っている。ところが、指導者の権威の強度は「プロジェクト」の必要性に依存するにもかかわらず、ペタンの場合はそれが単なるプログラムのみに、あるいはむしろトポスのみに、すなわち「国民革命という、いまだ空虚な［…］論理的場所」のみに基づいている。なぜなら、「一九四二年五月時点のフランスはいまだ革命の理念をもたない」からである。コジェーヴ自身はといえば、彼もまた、「一九四二年現在のフランスに向けて何らかの革命（国民革命）理念を提案したいなどとはいっさい」（本書一八三頁）考えていなかった。にもかかわらず、彼がここで構想しているのは、様々なタイプのヴァリアントから取り出されたある特定の権威タイプの組み合わせに対応する政治的権威を現実化する国家形態に他ならない。この構想は主として国制構造に関するものだが、他方では、労働という観点から、様々な中間団体が果たす役割についても一定の考察を加えている。

コジェーヴが権威の概念について考えていたころ、ちょうどそれと並行するかたちで、ガストン・フェサール神父もやはり同様の考察を進めていた。フェサールはコジェーヴの授業に参加した俊英たちの一人だが、彼もまた正統性に関するきわめて重要な問いを提起している。すなわち、人民の共通善の拠り所であり、また、万人の意志をこの共通善という唯一の目的へと導く権威の拠り所でもある正統性とはいったい何かという問いである(28)。そして、この二人がたどり着いた結論はまさに相互補完的である。

主人、指導者、裁判官、父。これらは人々の意識や行動のなかにすでに現れている権威類型であるが、コジェーヴはそこに込められた意味を開示し説明する。と同時に、きわめて密度の濃いひとつの哲学の粗描と、それをさらに普遍的なものへと昇華させるための研究プログラムの粗描があわせて提示される。そこに含まれる思想は、ジョルジュ・デュメジルが発見したインド－ヨーロッパ世界の単純な三区分図式や大フラメン〔古代ローマにおける最高位の神官職〕のトリアーデ図式をはるかに超えている。また、それは権威や敬意や服従がこんにち直面するあらゆる危機の本質をより深く掘り下げている。それは、権威の四つの純粋タイプから出発し、やがて四つの権力の区別へと至りついた。その思考の営みは同時に、明日への道しるべを求めて苦悩する現代世界における、理性への新たな回帰の幕開けでもあったといえよう。

原　注

（1）*Mémoires*, Paris, Juillard, 1983, p. 96〔『レーモン・アロン回想録1』三保元訳、みすず書房、一九九九年、一〇二頁〕.

（2）*Ibid.*, p. 99〔同書一〇五頁〕.

（3）Vincent Descombes, *Le Même et l'Autre. Quarante-cinq ans de philosophie française (1933-1978)*, Paris, Éd. de Minuit, 1979, pp. 21-22〔『知の最前線——現代フランスの哲学』高橋允昭訳、TBSブリタニカ、一九八三年〕; cf. Giorgio Barberis, *Il regno della libertà. Diritto, politica e storia nel pensiero di Alexandre Kojève*, Naples, Liguori Editore, 2003.

（4）V. Descombes, *Le Même et l'Autre, op.cit.*, p. 25〔前掲『知の最前線』、一八頁〕.

（5）Pierre Macherey, « Kojève, l'initiateur », in *Magazine littéraire*, « Hegel et la *Phénoménologie de l'Esprit* », novembre 1991, p. 52.

（6）Dominique Auffret, *Alexandre Kojève. La philosophie, l'État, la fin de l'histoire*, Paris, Grasset, 1990, p. 267 sq., en particulier p. 270〔『評伝アレクサンドル・コジェーヴ——哲学、国家、歴史の終焉』今野雅方訳、パピルス、二〇〇一年、三八七頁以下、とくに三九二頁〕; Léon Poliakov, *Mémoires*, Paris, Jacques Grancher, 1999, en particulier p. 167.

（7）D. Auffret, *Alexandre Kojève, op.cit.*, p. 271〔前掲『評伝アレクサンドル・コジェーヴ』、三九三—三九四頁〕.

(8) *Esquisse d'une phénoménologie du droit. Exposé provisoire*, Paris, Gallimard, « Bibliothèque des idées », 1981〔『法の現象学』今村仁司・堅田研一訳、法政大学出版局、一九九六年〕.「粗描」という語は、今こうして出版される本書にとってもふさわしいと思われる。

(9) *Esquisse d'une phénoménologie du droit, op.cit.*, p. 498〔同書五七九頁〕.

(10) *Ibid*〔同所〕.

(11) とくに Giorgio Agamben, *État d'exception. Homo sacer*, Paris, Éd. du Seuil, 2003 を参照せよ。とりわけ pp. 56 sq., 89 sq.〔『例外状態』上村忠男・中村勝己訳、未來社、二〇〇七年、六五頁以下、一〇五頁以下〕

(12) Robert A. Nisbet, *La Tradition sociologique*, Paris, Presses universitaires de France, 3e éd., coll. « Quadrige », 2000 を参照せよ。

(13)『権威について』*De l'autorité*（1874）に関しては、R. A. Nisbet, *op.cit.*, p. 178 を参照。

(14) *La Crise de la culture*, Paris, Gallimard, « Folio essais », 1989, p. 121 sq.

(15) *Ibid.*, p. 122.

(16) *Ibid.*

(17) *Ibid.*, p. 160

(18) André Magdelain, *Jus Imperium Auctoritas. Études de droit romain*, Rome, École française de Rome, 1990, p. 685.

(19) *Ibid.*

(20) Pierre Noailles, « Fas et jus », *Études de droit romain*, Paris, Les Belles Lettres, 1948, p. 274.

(21) Michèle Ducos, *Les Romains et la loi*, Paris, Les Belles Lettres, 1984, p. 103.

(22) Theodor Mommsen, *Le Droit public romain*, Paris, De Boccard, 1985, t. III, p. 1034.
(23) A. Magdelain, *Jus Imperium Auctoritas*, *op.cit.*, p. 686.
(24) G. Agamben, *État d'exception*, *op.cit.*, p. 133〔前掲『例外状態』、一六〇頁〕.
(25) *Esquisse*..., *op.cit.*, p. 11〔前掲『法の現象学』、五頁〕.
(26) D. Auffret, *Alexandre Kojève*, *op.cit.*, p. 269〔前掲『評伝アレクサンドル・コジェーヴ』、三九〇頁〕.
(27) *Ibid*〔同所〕.
(28) Gaston Fessard, *Journal de la conscience française, 1940-1944*, Paris, Plon, 2001.

権威の概念

予備的考察

A　分　析

Ⅰ　現象学的分析

Ⅱ　形而上学的分析

Ⅲ　存在論的分析

B　演　繹

Ⅰ　政治的適用

Ⅱ　道徳的適用

Ⅲ　心理学的適用

付　録

Ⅰ　ペタン元帥の権威の分析

Ⅱ　国民革命に関する考察

注意――基本的内容はAのⅠとAのⅡで尽きている。なおBのⅠも参照せよ。

予備的考察

奇妙なことだが、権威の問題と概念はこれまでほとんど研究されてこなかった。権威の移転や権威の生成に関する諸問題ばかりが人々の関心を集めてきたが、この現象の本質自体が関心を引くことは稀であった。にもかかわらず、権威としての権威が何であるかを知ることなしに政治権力や国家の構造そのものを論じることは明らかに不可能である。したがって、暫定的にではあれ権威の概念の研究は不可欠であり、この研究は国家の問題の研究全体に先行しなくてはならない。

*

権威の理論は稀であるとはいえ、まったくないわけではない。いくつかのヴァリアントを除いてしまえば、互いに異なる（本質的な違いがあり、互いに還元できない）四つの理論がこれまでの歴史のなかで提起されたと言えよう。

(1) 神学的または神聖政治的な理論

第一次的で絶対的な権威は神に属する。他のすべての権威（相対的な権威）はそこから派生する。（この理論はとりわけスコラ学派によって作り上げられたが、「正統」君主政論者、さらには世襲君主政論者も同じようにこの理論に依拠している。）

(2) プラトンの理論

権威（「正当な」または「正統な」）は「正義」または「公平」に基づき、またそこから流れ出てくる。これとは別の性格をもつ「権威」はすべて偽‐権威でしかなく、実際には「物理的強制力」（多少とも「粗野な」）以外の何ものでもない。

(3) アリストテレスの理論

この理論は権威を知恵、知一般によって、すなわち予見する能力や直接的現在を超越する可能性によって正当化する。

(4) ヘーゲルの理論

この理論は権威の関係を、主人と奴隷（勝者と敗者）の関係に還元する。主人は自己を他者に「承認」させるために自分の生命を危険にさらす覚悟をもっているが、奴隷は死よりも屈従を選ぶ。

不幸にも、現象学的記述の面でも形而上学的分析と存在論的分析の面でも哲学的に完全に仕上げられた理論は最後の理論〔ヘーゲルの理論〕だけであった。他の諸理論は現象学の域を越え出ることはなかった（しかもそれらは、この現象学の領域においてすらけっして完全ではなかった）。

（ただし次のことは言っておかなくてはならない。ヘーゲルの理論はけっして本当には理解されず、じつにすばやく忘れ去られてしまった。だからヘーゲルの最も重要な継承者——マルクス——でさえ、権威の問題をまったく無視してしまったのである。）

これら四つの理論はすべて排他的である。それらはいずれもただひとつの権威タイプ（すなわち、それらが描き出すタイプ）しか認めず、他の「権威的」諸現象のなかにはただ単に物理的強制力の現れしか見ない。

注記。権威のなかに物理的強制力の現れしか見ない権威「理論」もたしかにある。だが後で見るように、物理的強制力は権威とは何の関係もないし、むしろそれとは正反対ですらある。だから、権威を物理的強制力に還元することは、権威の実在を端的に否定し、無視することである。したがって、われわれはこのまちがった見解を権威の理論のなかに含めない。

＊

これらの理論を判断し批判する（さらには、語の本来の意味で理解する）ことができるためには、「権威」の項目に分類されうるすべての現象の完全な一覧表を作ることから始めなくてはならないし、これらの現象（のすべて、またはその一部）が提案された諸理論のひとつ（または複数）に対応するのかどうかを検討しなくてはならない。

対応する現象を見出せない理論は、まちがった理論として斥けられる。それ以外の理論に関しては、それらがすべての現象を説明するのか、それともたんに現象の一部を説明するだけなのかを検討しなくてはならない。

そのためには、諸現象を現象学的分析にゆだねたうえで、「純粋な現象」、すなわち他に還元できない現象を明らかにしなくてはならない（「複合的な」現象については、それらを構成する「純粋な」要素を明らかにしなくてはならない）。

もしも提案されたどの理論も説明できないような「純粋な」現象が見出されるとしたら、さらに別の理論を作らなくてはならない。

言い換えれば、現象学的分析（A、I）は「〜とは何か」という問いに答えなくてはならない。この問いは、われわれがいわば「本能的に」権威的と形容するすべての現象に向けられる。現象学的分析は、権威としての権威の本質（理念、*das Wesen*）や、この本質の構造、すなわち権威が現れ出る様々な独自的類型を明らかにしなくてはならない（この場合、権威としての権威が現実化する局所的で一時的な条件のたんなる偏差に由来する「偶然的」変動は捨象すべきである）。

ただし、現象学的分析がその役目を果たすことができるのは、その分析が真に完全である場合に限られる。したがって、ありうべき権威類型をすべて列挙し尽くしたという確信、そしてまた、各類型を真に単純な要素、すなわち他の要素に還元できない要素に分解し尽くしたという確信をもたなくてはならない。

ところが、これは分析が体系的である場合にのみ可能である。だからこそ、我々は必然的に現象学的平面を越え出て、形而上学的水準にまで上昇しなくてはならないのである。

形而上学的分析（A、Ⅱ）は、権威の現象を、客観的に現実的な世界の基本構造へと関わらせる。そうすれば、記述された現象が世界によって提供されるあらゆる可能性に対応しているのかどうか、またある現象の形而上学的起源が単一的なのか複合的なのか、を判断することができる。

最後に、形而上学的分析によって支えられ保証された理論を最終的に正当化できるのは、存在論的水準にまで及ぶさらにいっそう深い分析だけである。

存在論的分析（A、Ⅲ）は、存在としての存在の構造を研究し、現実的世界の構造（形而上学的構造）の「なぜ」と「いかに」を理解できるようにする。そして、この世界構造によって、世界のなかに現れ出る権威の諸現象を（現象学的平面において）体系的に分類し分析することが可能になる。

注記。これら三つの分析すべてにおいて我々は、神が実在せず、またそれが「神話」にすぎないことを認めつつもなお、神の概念を使わなくてはならないだろう。なぜなら、「信じる」人間はつねに最大限の権威を神に帰属させてきたからである。したがって、神こそはまさに、我々が権威現象をいわば微視的に観察できる対象なのである。神のなかに見出されるものは、すでに人間のなかに見出されたものであろう。そして、神的権威の分析が事実上、人間的権威の分析であるのは、まさに神が一個の「神話」にすぎないからである。だが、このことに気づかないまま、人間は自分自身の内部に発見する――多少とも無意識のうちに――ものを神のなかへと投影している。だからこそ我々は、「人間の」神を研究することによって人間を研究することができるのである。

＊

この三つの分析から出てくる権威の理論は、十分に確実であり正当である。また、この理論自身は、多様な演繹（B）の出発点になることができる。

この理論の適用の場面は、第一に、

政治的適用（B、Ⅰ）である。

すべての国家が権威を前提とし、権威に基礎をおくということを認めるなら、権威の理論から国家の理論を演繹することができる。

権威の理論の適用の場面は、第二に、

道徳的適用（B、Ⅱ）である。

妥当で正当な理論であれば、非政治的想念から引き出された道徳的または道学者流の批判から権威と国家（とくに権威的国家）を擁護することができるだろう。言い換えれば、権威の理論は特殊に政治的な道徳を演繹することができる。その道徳は、一般に人が権威の存在とその行為を批判しようとする際に拠って立つ「私的な」道徳とは本質的に別ものである。

権威の理論の適用の場面は、第三に、

心理学的適用（B、Ⅲ）である。

権威とは何かを知ることによって、権威を生みだしたり、あるいはそれを維持したりするために、人間一般や個々の人間に対してどのように働きかければよいのかを演繹することができる。

*

以下の本論のなかでは、これらの問題はいずれもただ素描されるにすぎない。私は決定的で完全な権威理論を述べているのだとうぬぼれるつもりはない。そこで重要なことはむしろ、いくつかの問題を提起し、それらの解決の一般的方向を指示することである。

A　分析

I　現象学的分析

1

(a) すべての権威現象の一覧表を作ることができるためには、何よりもまず与えられた諸現象を選別する仕方を知らなくてはならない。すなわち、権威の本質を実現し開示する現象と、(しばしば外見は似ているとしても、)権威とは無関係な現象とを区別できなくてはならない。言い換えれば、権威の定義を与えることから始めなくてはならない――この定義はすべての個別的ケースを網羅しうる一般的定義であって、純粋に「形式的」「名目的」定義といえるだろう。したがって、

権威の一般的定義

を探すことにしよう。

権威は、運動、変化、行為（現実的な、あるいは少なくとも可能な行為）があるところにのみ、存在する。権威は、権威を代表する（権威を「受肉する」、権威を実現する、権威を行使する）物または人の動きに応じて「反応する」、すなわち、変化することができるものに対してのみ、存在する。そして自明のことだが、権威は、変化を被る者にではなく変化を引き起こす者に属する。つまり、権威は、本質的に能動的であって受動的ではない。

したがって、あらゆる権威の現実的な「担い手」は必然的に、語の厳密で強い意味において行為者、すなわち、自由であり意識的であると見なされる行為者であると言えよう（だから、それは神的存在や人間的存在であっても、けっして動物としての動物やそれに類似したものではない）。

注記。たしかに、権威的行為は必ずしも自発的ではない。他人の命令を実行しながら権威をもつことは可能だからである。だが、権威を帯びた行為者は、この命令を理解し、その命令を自由に受け入れると見なされている。指導者の言葉を伝える蓄音機は、それ自体ではいかなる権威ももたない。

したがって、権威を帯びる存在は必然的に行為者であり、権威的行為はつねに真の行為（意識的で自由な行為）である。

ところで、権威的行為は、その行為が差し向けられる者または者たちの側からの抵抗に出会わないという事実によって、他のすべての行為から区別される。つまりそれは、一方では抵抗の可能性を想定しながらも、他方ではこの可能性の実現の意識的かつ自発的な放棄を想定しているということである。（いくつかの例――かりに私が誰かを窓から放り出すとしても、彼が落下するという事実は私の権威とは無関係である。だが、もし彼が私の命令に従って自ら窓の外に身を投じるとすれば、彼は実際には私の命令を実行しないですますこともできたのだから、私は彼に対して紛れもなく権威を行使しているのである。だが、催眠術師は、彼によって眠らされる者に対して権威をもたない。また、誰かに対して、その者がやりたいと思うことをやらせたり、私にやれと言われるまでもなくその者が率先してやるはずのことをやらせるために、私は自分の権威を使う必要はない。）

だから、権威は必ず関係（行為する者とその行為の作用を被る者との間の関係）である。したがって、それは本質的に社会的な（そして個人的ではない）現象である。権威が存在するためには、最低でも二人が必要である。

したがって――権威とは、一人の行為者が他の複数の行為者たちに対して（または一人の行為者に対して）働きかけることの可能性である。このとき、他の行為者たちは対抗行為をなす可能性をもつにもかかわらず、相手に対して対抗することはない。

あるいはまた――行為者は、権威をもって働きかけることによって、外部の人間的所与を変化させることができるが、その反作用を被ることはない、すなわち、この行為によって自分自身を変化させることはない。

（いくつかの例——私が誰かを部屋から出て行かせるために腕力を使わなくてはならないとすれば、私はこの行為を実現するために自分自身の行動を変化させなくてはならないが、しかしまさにそのことによって、私が権威をもたないことが明らかになる。かりに私が身動きしないで、私の方から「出ていけ！」と言うだけで件の人物が部屋を出ていく、つまり、彼が変化するならば、事情はまったく一変する。もし、与えられた命令が論議を呼ぶならば、つまり、命令を出す当人が与えられた命令に関して自ら何かをするように強いられる——つまり論議する——場合には、権威は存在しない。論議が命令の放棄に、あるいは妥協にさえ至る場合には、つまり正確に言えば、自分自身を変化させることなしに外部に変化を引き起こすと見なされた行為の変更に至る場合には、なおさら権威は存在しない。）

そして最後に——権威は（語の広い意味において）妥協することなく働きかける可能性である。

注記。およそ論議なるものは、すでにひとつの妥協である。なぜなら、論議とは次のことに等しいからである——「しかじかのことを無条件に行え。——いや、あなたが他にこれこれのことをするのでなければ、つまり、あなたが私を説得するのでなければ、私はしかじかのことを行わないだろう。——わかった、その点に関して私は譲歩しよう」。

(b) この定義からはっきりわかるように、権威の現象は法〔権利〕の現象に似ている（『法に関するノート』[*]を参照せよ）。事実、このように言える——

私が抵抗（対抗行為）に出会うことなく何ごとかをなしうるとき、そして、この抵抗（対抗行為）が原理的には可能であるとき、私はこの何ごとかへの権利をもつのである。（例——かりに私が、誰かから一〇〇フランを奪おうとすれば、彼は「対抗する」だろうし、私は自分の行為の「跳ね返り」を受けるだろう。だが、もし彼がこの金を私から借りているのであれば、すなわち、私が彼に対して権利をもっているのだとすれば、私の行為がこの一〇〇フランを彼のポケットから私のポケットへと移動させても、私は「対抗行為」を受ける必要はない。）

＊コジェーヴがここで指示している著作から『法の現象学素描』が生まれた（本書三五頁の注8を見よ）。（編者注）

にもかかわらず、このふたつの「似かよった」現象の間には本質的な差異がある。

権威の場合、「対抗行為」（抵抗）は、純粋な可能性の域を出ることはけっしてない（それはけっして現実化しない）。対抗行動が現実化すれば、権威は破壊されるからである。法〔権利〕の場合は逆に、「対抗行為」は現実化しうるが、それによって法が破壊されるわけではない。この「対抗行為」にさらされるのは、権利者以外の人物であってもかまわないからである。（上記の例でいえば、債務者の側からの激しい「対抗行為」にさらされるのは、裁判官や執達吏や警察官等々、であればよい。）

この違いから、以下のことが帰結する。すなわち、権威は原則として物理的強制力を排除するが、法は物理的強制力とは別ものであるにもかかわらず、物理的強制力を含み、かつそれを前提している（裁判所がなければ、法は存在しないし、裁判所の決定を物理的強制力によって執行させることができる警察なしには、裁判所も存在しない）。

他方で、権威がすべて必然的に合法的または適法的性格をもつ理由は、さきに指摘した権威と法の親近性によって説明される（当然ながらそれは、権威を承認する人々にとって合法的または適法的であるという意味である。なぜなら、およそ権威はすべて必ず承認された権威だからである。権威を認めないということは、権威を否定し、さらには権威を破壊することである）。

したがって――(1)権威を行使することは、物理的強制力を（暴力を）使うことと同じでないばかりでなく、ふたつの現象は互いに排除しあう。一般には、権威を行使するためには何かをなす必要はまったくない。物理的強制力（暴力）を介在させることを余儀なくされること自体、およそ権威がないことの証しである。逆に言えば、人々が自発的には（自ら進んで）やらないようなことを――物理的強制力を使わずに――彼らにさせるためには、そこに権威を介在させるしかないのである。

注記。もし誰かが私に言われたことを私への「愛」からしてくれるなら、彼は自発的にそうしているのである。なぜなら、彼はただ私を喜ばせたくてそうしているのだから、私が彼に干渉したり働きかけたりする必要はないからである。したがって、愛の関係はその本質において権威の関係とは別ものである。もっとも、愛が権威と同じ結果をもたらすがゆえに、我々はともすれば、これら二つの現象を混同する間違いを犯しがちである。また、愛される者が愛する者に及ぼす「権威」について語ったり、権威を被る——すなわち、権威を承認する——者が権威を及ぼす者に対して「愛」を感じるなどと言ったりもする。そこから、自分が権威を認める者を愛するとか、自分が愛する者の権威を認めるといった自然的傾向が人間には備わっているという説も生まれてくる。にもかかわらず、これら二つの現象はやはりまったく異なる現象なのである。

(2)「合法的」または「適法的」行為は、「権威的」行為でもある。ある行為が権威的であるためには、可能な「対抗行為」の実現が(自由に、かつ自覚的に)放棄されればそれで十分である。(この場合は、法が権威を行使している。だがこの法は、万一の場合には、つまり、それが権威を行使することを止めた場合には、法を現実化しうる物理的強制力があるかぎり法であり続ける。要するに、法はそれを「承認する」者たちに対してのみ権威をもつが、それを「承認」していないのにその作用を被る者たちにとっては、あくまで法そのものである。)「権威的」行為に関してはどうかといえば、それは定義からして「合法的」または「適法的」である。なぜなら、可能な「対抗行為」が現実化しないところでは、すなわち、一般にいかなる「対抗行為」も存在しない場合には、なおさら、行為者自身に対する「対抗行為」は存在しないからである。したがって、「不適法な」または「非合法な」権威について語ることは無意味である。それは形容矛盾である。権威を「承認する」（「承認」されない権威などないが）者は、そこで権威の「適法性」を承認しているのである。権威の適法性を否定することは、権威を認めないことであり、つまりは——認めないこと自体によって——権威を破壊することである。したがって、具体的な場面では権威の現実存在を否定できても、現実の（すなわち「承認された」）権威に対しては、いかなる「法」も対置できない。

注記一。多くの著述家たち、とりわけキリスト教徒の著述家たちは、権力がすべて「適法的」であると主張した。これは、権力が権威を体現するかぎりでそういえるにすぎない。ところが後で見るように、権力と権威は分離する場合がある。そして、権威のない権力は必ずしも適法的ではない。たしかに、権威を帯びる権力に反対するあらゆる行為（革命的な行為）は「非合法」で「不適法」であるとは言えよう。しかし、それは無意味な同語反復である。なぜなら、権威は自己に対抗する文字通りすべての行為を排除するからである。

注記二。合法性は、権威の屍体であると言えるだろう。あるいはもっと正確に言えば、権威の「ミイラ」——魂または生命がなくても持続する身体である。

(3) また、我々による権威の定義に近いのはおそらく、神的なもの一般に妥当する定義だけである。すなわち、私に対抗する可能性を与えずに私に働きかけることができるものはすべて——私にとっては——神的である。

（例——人々がかつて、星々が人間に影響力を及ぼすと考え、また自分たちには星々に働きかける手段がまったくないと考えていたとき、彼らは星々を神格化していたのである。だが、ニュートンが、いっさいの作用（物理的な作用）はそれによって引き起こされる反作用に等しいことを人々に教えたとき、星々——および自然界全般——は決定的に「世俗化」された。）

この定義によって我々は、人間が一方では、つねに最大限の権威を人間にとって神的である（または神的なものを表している）ものに帰属させてきたのはなぜか、また他方では、現実の（すなわち、人間によって承認された）あらゆる権威（人間的権威）に対して「聖なる」性格または神的な性格を帯びさせたのはなぜかを理解できるようになる（たとえば、のちに検討するように、神聖政治的な権威理論は、あらゆる権威が神的起源をもつことを主張している）。

しかしながら、神的なものの定義は権威の定義とは異なる。神的行為の場合、対抗行為（人間的な対抗行為）は絶対的に不可能である。権威的行為（人間的な権威的行為）の場合は反対に、対抗行為は必然的に可能であるが、この可能性が自覚的かつ自発的に放棄されるために、対抗行為は実現しない。

たしかに、行為（神的であれ人間的であれ）は、いかなる対抗行為も引き起こさないかぎり権威的であるという理由で、我々による権威の定義を修正し、そこに神的行為を含めることは可能である。そうすれば、神的な権威を語ることができるだろう。けれどもやはり、神的権威と人間的権威とは慎重に区別しなくてはならない。人間的権威は現実的な対抗行為の不在だけでなく、対抗行為の可能性の存在をも前提しているからである。

ところで、我々による権威の定義をあくまで維持しようとすれば、以下のように言うことになる――権威は本質的に人間的な現象（社会的な現象）であり、神的な行為は権威的行為に類似しているだけであって、それと同じではないと。

また、本来の権威、すなわち、人間的な権威と違って、神的「権威」は本質的に攻略しがたいといえる。そこでは対抗行為の可能性がすべて排除されているのだから、権威を体現する存在自身が現に存在し続けるあいだは権威は無際限に行使されるはずである。ところが、この存在は定義からして変化を被ることはありえず、つまり、変質することはありえず、したがって外部から破壊されることはありえないのだから、それが永遠に存続すると想定するのが自然である。したがってまた、神的「権威」は永遠であるという事実によって、本来の権威（人間的な権威）とは異なると言うことができる。あるいはこうも言える。神的なものは、権威を失う危険をなんら伴うことなしに、一般に危険というものとは無縁に、自らの「権威」を行使すると。

それとは反対に、人間的権威は本質的に滅ぶものである。すなわち、対抗行為の可能性は、自発的に抑制されながらも絶えず現実化することが可能であり、したがって権威を無化することがありうるのである。したがって、権威（人間的権威）の行使は、それを行使する者にとっては、それを行使するという事実そのものによって、必ず危険という要素を伴っている。たとえそれが、権威とそれに伴う事象一般を失う危険にしかすぎないとしても。

したがって、現に存在する人間的権威はすべて、その存在の「原因」、「理由」または「正当化」をもたなくてはならない。すなわち、「存在理由」をもたなくてはならない。人間的権威を「承認する」ためには（また、その承認行為そのものによって、権威の存在を延長させるためには）、権威が現に存在する事実を確認するだけでは十分ではない。

だから、権威の原理や理由や正当化とは何であるかを検討しなくてはならない。この研究によって我々は、人間的権威のいくつかの独自的類型を区別し、この権威に関してこれまで提案された理論をよりよく理解することができるだろう。

2

(a) 権威（人間的権威）のすべての形態は、対抗行為を引き起こさない行為を実行できるという点で共通している。なぜなら、対抗することができたはずの者たちが、そうすることを自覚的かつ自発的に控えるからである。逆に、人間がある行為（彼ら自身は実行しなかったはずの行為）を被りながら、それに対抗する能力を自覚的かつ自発的に放棄するところではどこでも、権威の介入を確認することができる。

だが、対抗行為がつねに可能であり、それが自覚的かつ自発的に断念されるとしても、なぜ断念なのかという問いを立てる余地は残されている。およそ権威なるものは、なぜ権威が実在するのか、すなわち、なぜひとは権威を「承認」し、権威から出てくる行為に抗うことなく服するのか、という問いをよびおこす。

これらの問いに対する答えは様々であり、それぞれの答えに対して、それぞれ別の権威タイプが対応している。

まず初めに、可能なすべての権威タイプの一覧表を作る必要がある。

注記。二十ばかりのタイプを列挙できるが、権威の理論をもたないうちは、この列挙が完全であるかどうかはけっして確信できない。

次に、「純粋な」タイプ、すなわち他のタイプに還元できないタイプを取り出し（かつ記述し）、「単純な」または「純粋な」タイプの組み合わせによって「混合的な」タイプが出来上がることを明らかにしなくてはならない。

この現象学的分析の作業をここで実際に行うことはできない。それがなされたものと仮定して、いわば「証明」抜きに、その結果だけを示すことにする。

＊

さて、我々は権威の四つのタイプ（単純で、純粋または要素的なタイプ）を区別することができる。

α．子供に対する父（または両親一般）の権威。（ヴァリアント――年令の大きい隔たりから生まれる権威――青年に対する老人の権威。伝統と伝統を保持する者たちの権威。死者の権威――遺言。自分の作品に対する「著者」の権威。等々）。

死者の権威に関する注記。一般に、人間は生前よりも死後においてより多くの権威をもつ。遺言は、まだ存命中の人間が与える命令よりも大きい権威をもっている。約束は、それを交わした相手の死後にいっそう拘束力を発揮する。死んだ父の命令は、父が生前に与えた命令よりもずっとよく尊重される。等々。その理由は、死者に対しては対抗することが実質的に不可能だからである。したがって、それは定義からして権威をもつ。だが、対抗行為の不可能性は、死者の権威に神的な（聖なる）性格を与える。死者による権威の行使は、死者にとってはいかなる危険もない。ここに、この権威の強みと弱みがある。要するに、それは神的権威の特殊なケースである。

β．奴隷に対する主人の権威。（ヴァリアント――平民に対する貴族の権威。民間人に対する軍人の権威。女性に対する男性の権威。敗者に対する勝者の権威。等々。）

勝者の権威に関する注記。勝者の権威が存在するためには、勝者がまさに勝者であることが敗者によって「承認」されなくてはならない、すなわち、敗者が自分の敗北を「認め」なくてはならない。これは自明である。たとえば、「戦場では負けなかった」というドイツのスローガンを見よ。このスローガンによって、一九一八年の勝者たちの権威はまだ生まれかけのときに破壊されてしまった。この勝者たちは、その勝利をドイツに「承認」させることに失敗したので、いかなる権威ももたなかったのである。したがって、彼らは実力行使に訴えざるをえなかった——その結果は周知の通りである。

γ. 同輩たちに対する指導者（*dux, Duce, Führer, leader* 等々）の権威。（ヴァリアント——下級者——従業員、兵士、等々——に対する上級者——現場責任者、将校、等々——の権威。生徒に対する教師の権威。学者、技術者、等々の権威。占い師、預言者、等々の権威。）

将校の権威に関する注記。この権威は、混合的権威の好例である。将校は、兵士に対して行使する指揮官の特殊な権威に加えて、およそ軍人が民間人に対してもつ主人の権威をも帯びる。また、兵士に対しては、将校は一般に父の権威ももっている。最後に、将校は裁判官の権威をも体現する。これについてはすぐ次に挙げられている。

δ. 裁判官の権威。（ヴァリアント——調停者の権威。監督官、検閲官、等々の権威。聴罪司祭の権威。正義の人または誠実な人の権威。等々。）

聴罪司祭の権威に関する注記。これまた、混合的権威の好例である。聴罪司祭は、裁判官の権威に加えて、父の権威はもとより、「良心の導き手」の資格において指導者の権威も帯びる。だが、彼には主人の権威が欠けている。

正義の人に関する注記。実をいえば、これは裁判官の権威の最も純粋なケースである。なぜなら、厳密な意味での裁判官は、裁判官としての権威——自然発生的な権威——に加えて、役人としての権威——派生的な権威——をも備えているからである。

(b) こうして、権威の四つの「純粋」タイプが得られたわけである。ところで、すでに見たように、権威に関しては、互いに別個の同じく四つの理論を区別できる。すると、次のような想定が成り立つ。つまり、これら四つの理論はいずれも、その理論の提唱者にとっては権威一般の理論であるが、実際には、右に列挙した四つの特殊なタイプのうちのどれかの理論にすぎないということである。

本当にその通りであるかどうか検討してみよう。

（年代順に）次の理論がある。

——プラトンの理論

——アリストテレスの理論

——スコラ学派、等々の理論（神学理論）

——ヘーゲルの理論

最後の理論から始めることにしよう。

ヘーゲルの理論は、主人と奴隷の関係の理論という形をとる。だが、ヘーゲルはおそらくそれを権威の一般理論と見なしており、また、権威のすべての形態は奴隷に対する主人の権威から生じたと考えている。いずれにせよ、彼はこれ以外の権威理論をいっさい作らなかった。

ヘーゲルの理論（哲学的にはきわめて完成されている）は、さきに挙げた権威の第二の「純粋」タイプ、すなわち、奴隷に対する主人の権威を完璧に説明する。それは以下の通りである（詳細については、『ムジュール』誌に掲載された私の論文「自己意識の自律と従属」を参照せよ。*）

*この論文の副題は次の通り。「主であることと奴であること」（『精神現象学』第四章A節の注釈つき翻訳）、『ムジュール』所収、一九三九年一月十五日、第五年度I、一〇八ページ以下。のちに『ヘーゲル読解入門』（ガリマール社、初版一九四七年、再版一九六八年）の冒頭に再録。（編者注）

主人であること〔支配〕は、「承認」（*anerkennen*）を求める死を賭けた闘争から生まれる。二人の敵対者は、動物的でも生物学的でもなく、本質的に人間的な目的、すなわち、自らの人間的現実または人間的威信を相手に「承認」させるという目的を自分に課す。だが、未来の主人が闘争と危険の試練に耐えるのに対して、未来の奴隷は自らの恐怖（死に対する動物的恐怖）をついに克服することができない。こうして、未来の奴隷は負け、自分が敗者であることを認め、勝者の優位を承認し、奴隷がその主人に対して服従するように勝者に対して服従する。このように、主人の絶対的権威はその奴隷との関係のなかで生まれてくるのである。

してみれば、主人は自分のなかにある（そして保存本能によって顕在化する）動物をのりこえて、この動物を自分のなかにある特殊人間的なものへと従属させるのである（この人間的要素は、「承認」への欲望というかたちで、およそ生物学的価値や「生命的」価値が欠落した「虚栄心」というかたちで顕在化する）。その反対に奴隷は、人間的なものよりも自然的なものや動物的なものを優先する。したがって、奴隷に対する主人の権威は、獣や自然一般に対する人間の権威に似ていると言ってよいが、ただし、違いが一点ある［…］すなわち、この「動物」は自らの劣等性を自覚しており、またそれを自ら進んで受け入れるのである。だからこそ、そこに権威が成立する。奴隷は、主人の行為に反抗する可能性を自覚的かつ自発的に放棄する。奴隷がそうするのは、この反抗が自らの生命を危険にさらすことを知っているからであり、この危険を受け入れることを望まないからである。

してみれば、ヘーゲルの理論はたしかに権威の理論である。それは、奴隷に対する主人の権威の存立理由をうまく説明している。したがって、それはこの特殊な（純粋な）権威タイプに関する的確な理論である。だが、それは他の権威タイプには当てはまらない。

だから、その理論は指導者の権威を説明できない。主人は、奴隷に対して（本来の主人として）権威をもつだけではない。彼はさらに（指導者として）他の主人たちに対して権威をもつこともありうる。ところが、ヘーゲルの理論は、社会的に同等な人間たちの間にある指導者の権威の存在という事実を説明できない。ましてや、それは父の権威や裁判官の権威という事実には適用できない。なぜなら、そこには闘争と生命の危険の要素がまったく欠けているからである。

その反対に、ヘーゲルの理論は、主人の権威の事例とその「ヴァリアント」として挙げられた事例との親近性を説明する。貴族や軍人や男性や勝者の権威が複合的性格をもつことを考慮してもなお、それらにおける最も優越的な要素、そしてまた最終的な根拠（あるいは「正当化」）となる要素は、命を危険にさらすことに支えられた主人の権威に他ならないと言わねばならない。このことは、軍人と民間人、勝者と敗者にとっては自明である。だが、貴族がもともとは何よりも戦士であること、それに対して、農民は戦争に参加しないということ、これらにもまた異論の余地はない。最後に、男性が女性に対する権威を引き出すのも、結局は同じ理由からであるように思われる。

次にアリストテレスの理論を見てみよう。この理論もまた主人であること〔支配〕の理論である。だが実際には、それはまったく別のタイプの権威に適用される。

アリストテレスによれば、主人が奴隷に対して権威を行使する権利をもつのは、彼が先を見ることができるからである。それに対して、奴隷が重視するのは直接的な欲求だけであり、もっぱらその欲求によって導かれる。だから、こういってよければ、この権威は「愚者」に対する「知者」の権威、「野蛮人」に対する「文明人」の権威、「蟬」に対する「蟻」の権威、「見えない者」に対する「見える者」の権威である。（それは、命令を伝える者が、命令を実行する者に対してもつ権威でもある。）自分が他人に比べてものがあまり見えず、また、あまり遠くまで見えないと納得している者は、他人によって容易に操られる、あるいは導かれる。だから、彼は可能な対抗行為を自覚的に放棄するのである。彼は他人から色々な行為を被るが、それらに反対せず、それらに抗議せず、それらを議論せず、問いを発することさえしない。彼は他人に「盲目的に」追随するのである。

たしかにこれも権威である。ただし、権威に関するこの理論は、主人の権威とは何の関係もない。反対に、主人の権威は、ヘーゲルの理論によって実によく説明される。アリストテレスの理論は、同輩たちに対する指導者の権威のケースにあてはまる。それは、*dux, Duce, Führer, leader*、等々の権威を説明する。

実際に、身近な例をとって考えてみよう。腕白坊主の一団が遊ぶために集まっている。そのなかの一人が近所の果樹園にリンゴを盗みに行くことを提案する。ただちに、そしてこの提案によって、彼は仲間たちの指導者になる。彼が指導者になったのは、彼が他のものたちよりもずっと遠くを見たからであり、彼だけがプロジェクトを思いついたからであって、他の者たちは直接的な所与のレヴェルを超え出ることができなかったからである。ところで、以上のことから推察できるのは、最初の「真の」指導者たちがこうした仕方で現れたということである。「主人たち」の一団、「高貴な盗賊」の一団は、略奪計画を提案する指導者のまわりに結集する。彼のプロジェクトが実行され続けるかぎり、彼は絶対的権威を帯びる。彼は「独裁者」であり、さらには「王」である（指導者の権威の自然発生的な生成については、クセノフォンの『アナバシス』Ⅲ、一、四、一一―一四、二四―二七、三〇―三四、三六―四七、および、Ⅱ、二、二―五、を参照せよ）。

注記。われわれがここで語っているのは同輩間の指導者であって、複合的な権威をもつ国家の指導者ではない。同輩間の指導者の権威は国家指導者の一要素にすぎない。これについては、B、Ⅰでもういちど触れることにする。さしあたり次のことだけを言っておこう。すなわち、社会学者が明らかにしたところによれば、国家は一般に、征服者の一団、「主人たち」の一団が征服された地に定着し、多少なりとも先住民を服従させるところに生まれるのである。敗者たちは勝者たちの「臣民」となり、勝者たちは敗者たちに対して主人の権威を帯びる。したがって、勝者たちの指導者は、第一に指導者（自分の「同等者たち」、すなわち、主人たちに対して）であり、第二に主人（「臣民たち」、奴隷たち、敗者たちに対して）である。指導者と主人を同時に兼ね備えることによって、彼は国家の長または主権者、語の本来の意味での「王」または「独裁者」になる。ついでながら、以上のことは、彼が指導者と主人にすぎないということではない。彼はさらに、父と裁判官の権威をも帯びるのである。

このように、アリストテレスの理論は同輩間の指導者の権威を説明する。また、この理論によって、同輩間の権威とその「ヴァリアント」とよびうるものとの類縁関係を説明できる。このことは、下級者に対する上級者の権威に関しては明白である。現場監督者や将校は、使用人や兵士よりも遠くを見る。つまり、彼らは未来に関するデータをもっており、計画や企てを立案する。それに対して、下級者には直接的与件や日々の必要しか見えない。たとえ、これらの上級者たちが上層部から来た命令を伝えているだけだとしても、彼らは下級者よりも先にその命令を知り、かくして下級者よりも先を見通すことができる。

生徒に対する教師の権威についても同様である。生徒が教師の行為に対して反抗するのを控えるのは、生徒自身がずっと後になってしか行き着けない地点に教師がすでに立っているからである。つまり、教師は生徒よりも進んでいるのである。

学者、技術者、等々の権威についても同じことが言える。彼らは、無学な者が表面しか見ないところで、物事の本質を見る。つまり、彼らは無学な者よりもはるかによく見ているのであり、物事についてより広く深い視野をもっている。だからこそ、彼らは出来事を予見できるのであり、またそのことによって、学者たちの権威はつねに確認される（さらには創造される）のである。

最後に、占い師、預言者、神託、等々の権威は、アリストテレスの理論に合致する権威のとりわけ顕著な事例である。占い師の（神託の）もつ異論の余地のない権威は、指導者の権威の純粋なケースである。

反対に、アリストテレスの理論は、ヘーゲルがじつに見事に解明してみせた奴隷に対する主人の権威を説明できない。またその理論は、父の権威や裁判官の権威ともまったく関係がない。

たしかに、家族の父は同時に同輩間の指導者（家族がひとつの同輩集団をなすと仮定して）でもありうる。だが、この指導者の権威は、彼が父としてもつ権威とは無関係であり、また、教師が生徒に対してもつ権威ともやはり別ものである。なぜなら、父の権威は彼の人格的価値とは明らかに無関係だからである。人格的価値が問題となるのは、指導者の権威（純粋な権威）や、「指導者」の要素が卓越する、あるいは介入する混合的権威の場合である。

裁判官の場合、その権威は、プロジェクトや予知または予言とはいっさい関係がない。彼は何も提案せず、現にあるものだけを「審判する」。裁判官の権威を生み出すのは、法律に関するより該博な知識ではない。それはただひとつ、彼の「正義」のみである。

してみると、裁判官の権威の「純粋な」事例を説明するのはプラトンの理論であって、アリストテレスの理論ではない。

では、権威のプラトン的な理論とは何かを検討してみよう。

プラトンにとって、およそ権威は正義または公平に基づいている——あるいは少なくとも基づくべきであるとされる。これ以外のすべての形態の権威は不適法である。ということはつまり、それらは実際のところ安定的でなく、持続せず、一時的で、束の間の、偶然的なもの、である。それらは偽‐権威にすぎない。事実、およそ正義に基づかない権力は、語の本来の意味での権威にも基づいていないのである。そのような権力は、物理的強制力によって（「テロル」によって）のみ維持される。ところが、このような維持は必然的に危うさをはらんでいる。

この理論が排他的である点で間違っていることは疑いない。主人または指導者の権威は、それ自体としては、明らかに正義とは無関係である。父の権威もまた、この父が正義を体現するかしないかという事実とは関係ない。それを理解するためには、子としての服従と正義感情との間にいろいろな葛藤があることを指摘するだけで十分である。そして父の命令は、たとえ息子が正しいと思うこととは正反対であっても、文句なしに（「対抗行為」なしに）実行されうる。それは、主人や指導者の場合でも同様である。

だが他方では、このような葛藤が存在すること自体が証明しているように、正義は、主人や指導者または父の権威を相殺し、さらには破壊することも可能な独自の権威を打ち立てることができる。（こうした事例はあまりに数多く、またよく知られているから、わざわざ引用するまでもない。）

このように、正義は独自の権威の土台になりうる。ただしプラトンは、他の三つの権威タイプが独立して存在することを否定するという間違いを犯した。

メディア人における君主政の誕生にまつわる伝説（ヘロドトス『歴史』第一巻、九六―一〇〇頁〔邦訳『歴史』上、岩波書店、八〇―八三頁〕で報告されている）をとりあげてみよう。メディア人は絶対的不正義（ホッブズの言う「万人に対する万人の戦い」）が支配する無政府状態のなかで（のちに自然状態と呼ばれる状態のなかで）生きていた。彼らのなかの一人（彼は権力への野望を抱いていた）がそこで正義〔裁き〕を実践しようとした。他の人々は、自分たちの争いを彼に委ね、彼はその争いを名望ある調停者として裁いた。依頼人の数があまりに多くなると、彼は、自分自身のことにも専念する必要があるという理由で人々の依頼をすべて断る。そこでメディア人たちは、彼が個人的な気苦労を背負わなくてもすむように、彼を王に選んだ。王になった後で、彼は「自分の権力を強固にするための衛兵」を要求する。衛兵を獲得すると、「彼は正義を守り続けはしたが、そこに厳しさを加えるようになった」。そして、誰も要求していないのに罪人を捜し求めた。（言い換えれば、彼は調停者から裁判官および検事になったのである。）

これは、たしかにひとつの伝説にすぎない。だがそれは、絶対的権力を、ということはつまり絶対的権威を、正義だけに基づいて打ち立てることが心理に反していないことを明らかにしている。そして、権威が実際に存在するためにはただ承認されるだけでよいのだから、正義の権威がプラトンが望んだような全体的権威（ということはつまり、絶対的権力）になることは原理的には可能である。

たしかに事実としては、政治的権力が正義を基礎とすることは稀であった。仮にこの正義という要素が介在するとしても、それはつねに他の要素（指導者や主人や父の権威）を伴っていたし、またそれらによって支配されていた。とはいえやはり、正義は全体的権威の要素のひとつでありうる。したがって、ひとつの純粋で他に還元しがたい権威タイプが確かに存在するのであり、それを裁判官の権威と呼ぶことができる。

実際、裁判官の権威はプラトンの理論による以外には説明しようがない。そして、我々がさきに裁判官の権威の「純粋な」タイプのヴァリアントとして列挙した権威の諸類型のなかに、正義または公平の原理が含まれていることもまた明らかである。

たしかに、本来の意味での裁判官は、政治的権力すなわち国家に依存するとともに国家の存在を前提している一個の役人である（前出のヘロドトスの伝説を見よ）。真に裁判官であるためには、彼は物理的強制力によって支えられるとともに、国家が承認した法律に基づかなくてはならない。言い換えれば、その権力は複合的であり、また、その権威自体が正義とはやはり別の要素（例えば指導者の要素）を必然的に含んでいるように見える。だがそれでも、裁判官のある意味で個人的な権威はもっぱら彼の「公平性」に由来しているのであり、したがってそれは正義の権威の純粋なケースなのである。

いま述べたことは、調停者の権威というヴァリアントのなかにはっきりと見て取れる（だが実を言えば、調停者の権威はヴァリアントではなくて、純粋タイプなのである。裁判官の権威の方こそ、調停者の権威のヴァリアントである）。（自由に選ばれた）調停者の行為（「判決」）に対して人々が反対しないのは、彼らが調停者の不偏不党性を想定しているからである。不偏不党性とはまさしく、彼がいわば正義を体現しているという事実である。

このように「正義の人」または「誠意の人」は、たとえ調停者の役目を果たさない場合でも、異論の余地のない権威をもっている。一般に、不偏不党性、客観性、没利害性、等々の潜勢力はつねに権威を生み出すし、また、管理者、検閲官、等々の潜勢力は、われわれが裁判官の権威とよんだものの要素を介在させることなしには説明できない。この要素が聴罪司祭の権威のなかに入り込んでいることもまた疑いない。

さて、ここで検討された三つの理論は、まったく別個の、そして他に還元できない三つの権威タイプに対応している。残るは、子に対する父の権威という第四の純粋タイプであり、また、第四の理論、すなわち、権威のスコラ学的な理論または神学的な（神聖政治的な）理論である。

したがって、この理論は——それもまた原理上は普遍的である——、現実には第四の権威タイプだけに対応していると想定するのが自然である。それは、他の理論がいずれもただ一つの純粋タイプのみに対応しているのと同様である。

神学的な理論と父の権威とを結びつけるのは、一見したところ不自然に見えるかもしれない。だが、真実かつ正統なすべての権威（たんなる物理的強制力とは別のもの）は神に由来し、また、神の権威の移し換えにすぎないと主張する神学的理論が、世襲による権威（国家元首の人間的な権威、事実は政治的な権威）の伝達という原理をつねに含んでいることに注意しよう。しかるに、この世襲の概念が当然のように介入するのは、父の権威の場合だけである。この権威は、両親と子供たちとの関係に基礎を置いている。父の権威が——遺産として——息子に移る（その息子が今度は父になり、彼自身の父が死ぬかぎりで）と見なされるのは自然である。

スコラ学的な理論によれば、すべての権威（人間的権威）は本質的に神的であるから、この理論を研究するためには、この理論にとって神の絶対的権威とは何であるのかを知らなくてはならない。

神は権威の最大値であるから、神学的理論のなかに、我々が列挙した四つの純粋タイプがすべて含まれているとしても、なんら驚くにあたらない。神は、人間にとって「主人」であり「主君」である。したがって、主人の権威は神の総体的な権威にとって不可欠の構成要素である。だが、神は「指導者」、「軍隊（*Seboath*）の司令官」、民衆の運命を事前に察知しながら民衆を導く「リーダー」でもある。したがって、指導者の権威という要素もまた神の権威に含まれる。他方、「神の正義」は第一級の重要性をもつ宗教上のカテゴリーであり、神はつねに人間にとって至上の裁き手であり、正義と公平の至高の体現者であると見なされている。こうして、裁判官の権威という要素もまた神の権威のなかに組み込まれている。

ところで、我々はすでに権威の三つの純粋タイプを説明する三つの理論をもっている。スコラ学的理論は、権威の最後の純粋タイプ、すなわち、父の権威を説明するかぎりにおいてのみ、我々の関心を引くにすぎない。ところが、神の総体的な権威は実質的にこの最後の権威タイプを含んでいる。神は「父」でもあり、「天にましますわれらの父」である。ゆえに、神学的理論は、我々が父の権威と呼んだもの、そして他の三つの理論では説明できないものを説明しなければならない。

注記。すでに見たように、神の行為に反抗するいかなる行為も絶対的に不可能なのだから、神の権威はそれが何の「危険」も伴わないという事実によって人間の権威から区別される。このことは、神がもつ裁判官の権威の場合には、なんら問題なく認められる。神の審判は不可謬だからである。神がもつ指導者の権威についても同様である。つまり、神が全知であると見なされるかぎり、神の力はあくまでも権威なのであって、単なる物理的強制力ではないのである。だが、神のもつ主人の権威については、もはや同じことが言えない。神の全能は、神の権威を打ち立てることが決してできない。全能といっても、結局のところそれは粗野な物理的強制力が昇華されたものにすぎないからである。すでに見たように、主人の権威（これは、「物理的強制力」から派生する「権力」または「潜勢力」とは別のものである）は、彼が死を賭した闘争のなかで冒す生命の危険にもっぱらその基礎を置いている。ところが、神の場合、それは問題にならない。だから、神学的理論は主人の権威の純粋な事例を説明できない。そして、スコラ学者たちは——多かれ少なかれ無意識のうちに——そのことに気づかざるをえなかった。なぜなら、彼らには「父」の権威のために「主人」の権威を排除するという非常に顕著な傾向が見出されるからである。愛としての神に関していえば、それは本来の意味での権威とは何の関係もない。この愛という側面において、神は人間たちに自発的に行為させようとする。すなわち、神は——愛であるかぎりにおいて、また、愛し愛されるものであるかぎりにおいて——自らの権威を放棄するのである。とはいえ、さきに愛と権威との親和関係について述べられた事柄もあわせて参照すべきである。

「父なる神」の概念がその価値と明断さのすべてを獲得するのは、神が世界と人間の創造者として考えられたときからである（すなわち、ユダヤ＝キリスト教とイスラム教の神学において）。スコラ学的理論が神の権威を「父なる神」の概念によって説明または「正当化」するかぎりで、その理論は事実上、創造の観念に訴えている。神が人間たちの「父」であるのは、神が人間たちを（無から）「創造する」ことによって、実際に人間たちを「生んだ」からである。神は人間たちの原因

（「形相因」）である。ところで、「結果」は自らの「原因」を「否認する」ことはできない。もし原因が（結果を生み出しつつ）結果に向けて作用するならば、結果は原因に対して反作用することはできない。人間たちは、自分たちが神によって作られたと理解しているかぎりにおいて、神の行為に対抗することができるという空しい幻想を放棄している。すなわち、彼らは神の権威を「承認する」。そして、神の権威は、（単なる「潜勢力」や物理的強制力ではなく）権威たるかぎりにおいて、この「承認」（すなわち、「対抗行為」の自覚的かつ自発的な放棄）以外の何ものでもない。

「原因」と「結果」の関係によって権威をこのように「正当化」することは、「予見」や「生命を危険にさらすこと」や「公平」による権威の「正当化」とは何の関係もない。それは、さきに検討した三つの理論とはまったく異なる理論なのである。他方で、この理論が適用できるのは父の権威だけであって、指導者や主人や裁判官の権威には適用できないことは明らかである。

だが、スコラ学的理論は一般に、神の権威の総体を父の（創造者の、「原因」の）権威として解釈しようとする。

注記。神の存在のいわゆる「宇宙論的」な証明は、父（＝原因）の権威というかたちで考えられた神の権威の「正当化」または形而上学的説明である。いわゆる「存在論的」な証明は、同じ父－原因の権威の存在論的分析の試みである。いわゆる「物理－神学的」な証明はどうかといえば、それは指導者の権威の相のもとで考えられた神の権威を「正当化する」。

他方、この理論は人間的権威をすべて神の権威に帰着させる。したがってそれは、あらゆる権威（人間的権威）を父の権威のヴァリアントと見なす傾向をもっている。（ここから、政治的権力の権威のなかの「父性的」要素を強調する傾向も出てくる）。ところで、父の権威は結果に対する原因の「権威」である。だが、原因は定義からしてその「本質」（または、その「潜勢力」）を結果へと伝達する。ゆえに、父（＝原因）の権威の伝達のなかに世襲原理を見出すことはごく自然である。かくして、権威の神学的理論は世襲的君主政の理論になった。

たしかに、創造者としての神という概念は、ユダヤ＝キリスト教、さらにはスコラ学に特有のものである。だが、あらゆる神学は、ということはつまり、権威についてのあらゆる神学的理論は、創造の観念に類似した概念をもっている。神はつねに、多かれ少なかれ守護神である。神は、その権威を「承認する」社会集団または政治集団の一種の「原因」である。集団の連続性（「系譜」）、すなわち、集団の統一性を保証するとともに、集団の起源を決定することによって集団の「人格性」や「個体性」（他の集団とは異なる「人格性」や「個体性」）を確定するのは、神である。そこから、神性や神的なもの（聖なるもの）の「伝統的な」性格が生じる。つまり、神はつねに父祖たちの神（「アブラハムの、イサクの、ヤコブの神」）である。そこから、あらゆる「伝統」の神的な（聖なる）性格も生まれてくる。一般に、現在を決定する過去は、最終的には神的な起源に帰着する。

したがって、スコラ学的な理論は、本来の意味での父の権威だけでなく、父の権威一般の「純粋」タイプも、そしてまた、我々が父の権威の「ヴァリアント」として列挙した権威の諸類型（「派生的な」または「複合的な」）をも説明すると言うことができる。ゆえに、この理論から神‐学的性格をはぎとることによって、それを他の三つの理論と同列に置くことができる。言い換えれば、あらゆる「原因」を究極的な神的原因に遡らせるまでもなく、父の権威は（その「ヴァリアント」と同じく）最終的には、結果に対する「原因」からの働きかけに対して「結果」の側から「対抗行為」を行うことがいっさいできない（あるいは、より正確にいえば、「対抗行為」を自覚的かつ自発的に放棄する）という事実（現実の、あるいは想定された事実）によって説明されると言えるのである。

このことは、父の権威の「純粋な」事例に関しては明白である。若者に対する老人の権威という「ヴァリアント」についても、そこにはやはり（他の要素と並んで）「父性」または「原因」の概念が見出される。それは「世代」や「集団的」父性の概念であり、老人の世代（「旧世代」）は若者たちの（「新世代」の）父親の世代を代表する。伝統やその保持者たちの権威についても同じことが言える。伝統の保持者たちは、老人として単に若者たちの「物質的な」（肉体的な）父であるだけではない。伝統の代表者として、彼らは若者たちの「精神的な父」であり、いま生きている者たちを現にそうあるものにした「原因」を体現している。伝統が伝統として権威を発揮するのは、所与の社会的、政治的、文化的現実を決定する「原因」としてである。ひとは伝統に対して「反抗することを自発的かつ自覚的に放棄する。なぜなら、このような「反抗」は自分自身への反抗である」

り、一種の自殺行為だからである。

この観点から見れば、死者の権威は、死者が生者よりもなおいっそう「原因」であるという事実によって説明される（一般に、「原因」はその「結果」を生み出した後で消滅し、結果のなかにのみ、または結果としてのみ、実在する）。

だが、結果に対する「原因」の「権威」と見なされる父の権威の最も純粋なケースは、おそらく作者（言葉の広い意味での作者）が自分の作品に対して及ぼす権威であろう。（例えば——文学や芸術その他における「学派の長」の権威。「植民地」の建設者の権威。ボーイスカウトにおけるベーデン・パウエルの権威。等々。）

3

(a) こうして我々は以下のような結果に到達する。

権威（人間的権威）には、還元不可能な四つの類型がある——

父（原因）
主人（生命を危険にさらすこと）
指導者（プロジェクト - 予見）
裁判官（公平、正義）

これらの類型のそれぞれには、ひとつの理論が対応している——

父：スコラ学派

主人：ヘーゲル

指導者：アリストテレス

裁判官：プラトン

実際には、現実の権威の具体的ケースはつねに複合的である。つまり、そこでは四つの純粋タイプのすべてが組み合わさっているのである。にもかかわらず、これらの純粋タイプのひとつ——または複数——の優位を手掛かりにして、権威の具体的ケースを区別することができる。つまり、権威保持者は、とりわけ指導者であったり、あるいはとりわけ裁判官であったり、あるいはとりわけ指導者かつ裁判官であったりする、等々。「優位」が意味するのは、あるタイプの権威が別のタイプの権威に比べてより「大きい」場合（例えば、誰それが指導者として振る舞うときは、彼が裁判官として振る舞うときよりも「反抗」しがたい、等々）か、もしくは、あるタイプの権威が別のタイプの権威にとって「土台」として役立つ場合（例えば、誰それが指導者としての権威をもつがゆえに、彼の「判決」に「反抗」しないとか、あるいは逆に、彼が裁判官としての権威をもつがゆえに、その「プロジェクト」に「反抗」しない、等々）である。

注記。なお、「土台」として役立つ権威はまた、土台であること自体によって最も「大きい」ように見える。

さらに、支配的なタイプが複数ある場合には、それらの間に優劣関係を設定することができる（例えば、指導者タイプと裁判官タイプの「優位」がある場合には、指導者が裁判官よりも「優位に立つ」ケースと裁判官が指導者よりも「優位に立つ」ケースとを区別することができる、等々）。以上のことを押さえた上で、ありうべきすべての権威タイプの完全な一覧表を作ることができる。それは以下の通りである〔PはPère（父）、CはChef（指導者）、MはMaître（主人）、JはJuge（裁判官）の頭文字である〕——

・四つの純粋タイプ（P、C、M、J）
・二つの純粋タイプの組み合わせ（PC、PM、PJ、CM、等々）が六つあり、その各々に二つのヴァリアント（PCとCP、等々）があるので、合計して十二のタイプ
・三つの純粋タイプの組み合わせが四つあり、その各々に六つのヴァリアントがあるので、合計して二十四のタイプ
・四つの純粋タイプの組み合わせが一つあり、それには二十四のヴァリアント（PCMJ、CPMJ、JMPC、MPJC、等々）がある

こうして、総計六十四の権威タイプ（四つの純粋タイプと六十の複合タイプ）か、もしくは、「ヴァリアント」を考慮しない場合には十五の権威タイプ（四つの純粋タイプと十一の複合タイプ）が得られる。われわれの理論が正確だとすれば、この一覧表ですべての可能性が尽くされている。ただし問題は、すべての可能性が現実化されるのかどうか、あるいは現実化可能かどうかである。個々の具体的なケースについては、それがどのタイプ（純粋タイプまたは複合タイプ）に属しているかを検討することができるだろう。また、これらすべての組み合わせが何を意味するのかを検討する（そして、そこからすべての帰結を引き出す）必要があるだろう。

もちろん、ここで完全な現象学的分析の作業に着手することはできない。

ただ言えることは、四つの純粋タイプをすべて含む全体的な権威と、これらのタイプの一つか二つまたは三つしかもたない選別的な権威とを注意深く区別しなくてはならないということである。なぜなら、ある権威の本質が何であるかを知り、また、その権威を最も良い仕方で確立し、行使し、保存し、伝達するためにはどう振る舞うべきかを言うことができるためには、その権威がどの領域まで広がっているのかを知ることがきわめて重要だからである。

たしかに、すでに述べたように、現実の権威はすべて実際には、多かれ少なかれ全体的である。言い換えれば、四つの純粋な権威タイプのどれか一つ（例えば、指導者の権威）を誰かに認めるとすれば、おのずと他の三つのタイプの権威のいずれかをも（「派生的」権威として）彼に認めざるをえない。同様に、選別的権威のあらゆる保持者は、その権威を全体的権威に変えようとする傾向性をもともと備えている。他方、純粋な権威タイプの一つ（または複数）がまったく欠落していることがわかった場合には、一般に、現にいまある一つ（または複数）の権威タイプの効力も失われてしまう（例えば、指導者が裁判官としては「無能」であり、さらには「不当」であることがわかれば、彼の指導者としての権威すら、もはや認められなくなりがちである、等々）。

にもかかわらず、選別的権威が存在するということに疑問の余地はない。言い換えれば、ある純粋な権威タイプが（相対的に）欠落しているとしても、それによって実際に別のタイプの権威が無効になるわけではなくて、ただそれを弱めるだけなのである。

以上のことから、我々は絶対的権威と相対的権威とを区別する。権威をもつ者のいかなる行為も「対抗行為」を呼び起こさないとき、それを絶対的権威とよぶことができる。相対的権威に関しては、それらの相対的な「大きさ」を基準にして、すなわち、すべての行為の数と、「対抗行為」（疑念や論議のかたちでしかなくとも）を招かない行為の数との割合を基準にして、それらの権威を分類することができる。

言葉の強い意味での絶対的な権威というものが、実際にはけっして実現されないのは明らかである。ただ神だけが絶対的権威をもつと見なされる（あるいは、より正確に言えば、それをもつべきである）。また、絶対的権威が全体的でしかありえないことも明らかである。だが、全体的権威が必ず絶対的であると言えるだろうか。また、ある権威（純粋であれ複合的であれ）のタイプとその

「広がり」（その相対的な「大きさ」）との間に一般的な仕方で「理論的な」（ア・プリオリな）関係を打ち立てることができるだろうか。（例えば、指導者の権威＋裁判官の権威の場合、指導者－裁判官というヴァリアントが、裁判官－指導者というヴァリアントに対応する権威よりも原理的には相対的に大きい権威を示すと言えるだろうか、等々。）

これらの問題の研究は、理論的にも実践的（たとえば、政治的）にも、非常に興味深いことは疑いない。だが、我々はいまここでこうした研究を行うことはできないし、それに着手することさえできない。

注記。この種の研究によって、「権力分立」の問題や「憲法」の問題、そして国家一般の構造の問題を決定的に解決できるだろう。後のB、Iを参照せよ。

(b) 同様に、権威の現象学的分析に当然ながら結びついている別の問題、すなわち、権威の生成と権威の伝達の問題についても簡単に触れることしかできない。

生成について言えば、権威は自然発生的か条件つきかのどちらかである。前者の場合、権威はそれをいずれ保持することになる者から出てくる行為によって自然発生的に生まれるので、いかなる外的「行為」も前提とせず、したがって、何か別の権威が先にあることを前提としない。条件つき権威の場合、それは権威をいずれ保持することになる者の行為とは別の行為の結果として生まれるので、一般にその権威が依存する別の権威の存在を前提とする。ゆえに、権威の条件つき生成の研究は権威の伝達の研究に通じる。

権威の四つの純粋タイプはすべて、自然発生的な起源ないし生成をもちうる。主人の権威を生み出すのは個人的な危険であり、何か別の権威が先にある必要はまったくない。我々は、地上に「最初の」主人が現れたのが、指導者や裁判官、さらには父の権威が存在する「以前」であったということを容易に想像できる。だが、まったく同様に、「最初の」権威が指導者の権威であったと想定することもできる。「最初の」プロジェクトを提案する「最初の」人間の個人的な行為は、権威一般がいまだ存在しない「時期」に権威を創設することもありえたのである。同様に、ヘロドトスの(さきに引用した)伝説の真実を認めることができる。それによれば、「最初の」権威は裁判官の権威であり、それはただ一人の者による正義の個人的行使によって自然発生的に生み出されたのであった。

父の権威に関しては、その自然発生的生成を語る余地がないように思われる。なぜなら、父の権威を獲得するためになすべきことなど何もないからである。だが実際には、このケースは前出のケースと異ならない。父の権威を獲得するためには、なにごとかを言葉の広い意味で「なす」必要がある。すなわち、父になる必要がある(あるいは、派生的ケースでいえば、多少とも時を経た年齢に達していなくてはならない)。唯一の違いは、この場合、すべての男は原理上、父の権威を得るために必要なことを「なす」ことができるのだが(なぜなら、十分に長く生きればそれでよいのだから——もっとも、これは万人ができることではない）、他の三つの権威のケースでは、語の狭い意味での「行為」、つまり、万人に備わっているわけではない特別な「才能」が要求される個人的行為が問題になるということである。いずれにせよ、我々は「最初の」父の出現を非常によく思い浮かべることができる。彼は、他のいずれの権威もいまだ存在しない「時期」に「父」の権威を帯びるのである。そして、自分がいずれ受け取ることになる権威を生み出すのは、まさしく父自身なのである。

反対に、これらの自然発生的な生成のケースを、条件つき生成の原因から区別しなくてはならない。例えば、「社会契約」の仮説によれば、「最初の」権威（政治的な）は意志決定（集団的な）から生まれる。すなわち、権威をこれから行使しようとする者の行為からではなく、権威の作用をこれから被ることになる者たちの行為から生まれる。したがってここでは、権威はそれ自身とは別のものによって、権威をこれから体現しようとする者の行為とは別の行為によって、条件づけられている。権威を体現すべき人物がクジ引きで決められたり、あるいは、彼自身の行為（「功績」）または彼の「人格」一般とは何の関係もないものによって指名されたりする場合（例えば、ダライ・ラマのケース）も同様である。

だが、この種のケースにおいて、権威の生成は本当にあるのだろうか。むしろ逆に、そこにあるのは権威の伝達であるように見える。なぜなら、新たな権威の出現は、すでに存在している別の権威によって条件づけられているからである。

「社会契約」は、それを唱える者たち自身から見てさえ「作業仮説」にすぎなかった。彼らは、権威が実際にこうした仕方で生まれるとは一度も言っていない。また、現象学的に分析すれば、この可能性は斥けられる。

現象学的分析によれば、すべての権威は、父、指導者、主人または裁判官の権威であるか、これら「純粋な」権威の組み合わせであるか、そのいずれかである。ところで、すでに見たように、これら「純粋な」権威の各々は自然発生的に生まれることができる。逆に、これらの権威のうちのいずれかが「社会契約」の結果として、あるいは、クジ引きやそれと似た別の行為の結果として（「はじめて」）生み出されることは考えられない。

条件つき生成のよく知られた具体例に関していえば、それらはすべて本当の生成ではないことがわかる。一方では、前もって「承認された」（すなわち、現存する）神的権威による介入が一般的にある。クジ引き等々は、神によって選ばれた者を指示するだけであり、神はその者に自らの権威を伝達するのである。他方で、新しい権威の生誕などは問題にならない。権威それ自身はすでにそこにある（すなわち、それはすでに「承認されて」いる）のであり、重要なことは、権威の物質的な（人間の）「担い手」を変えること、つまり、ある個人（または集団）から別の個人（または集団）へと「担い手」を移動させることだけである。したがって、これもまた権威の伝達の問題である。

権威の真の生成はすべて必然的に自然発生的である（また、各権威タイプ――「純粋な」または「複合的な」――ごとに、特殊な生成タイプ――「純粋な」または「複合的な」――がある）と言うことができる。いわゆる条件つき「生成」に関していえば、それらは伝達のケースにすぎない。だが、我々が次に取り組まなくてはならないのは、こうした権威の伝達の問題である。

注記一。権威の生誕（生成）と権威の「承認」の外的表徴とを混同してはならない。たしかに、権威は、それが「承認」されるかぎりにおいてのみ存在する。主人が彼の奴隷の主人であるのは、奴隷が彼を主人として「承認する」（あるいは、奴隷が自らを奴隷として「認める」）かぎりにおいてである、等々。したがって、権威の生成は、権威の働きを被りつつある人々による権威の「承認」の生成であると言ってよい。だが、まさにそれゆえに、権威はその働きを被る人々に対して自らを押しつける――同じことであるから――と言える。すなわち、権威がまったく存在しないか、権威が現にあるという事実だけで「承認される」か、そのどちらかである。権威とその「承認」は一体不可分である。だが、この（権威の）承認そのものと、その顕在化と呼びうるものを区別することができる。この「顕在化」は、単に「敬意の外的表徴」、等々であるばかりでなく、「承認行為」自身の外的形態でもある。例えば、誰かが会議でひとつの「プロジェクト」を提案し、その結果、彼が指導者に「選ばれる」とする。その場合、彼の指導者としての権威を生み出したのは彼のプロジェクトであって、他の者たちによる「選出」ではない。彼は、選ばれたから権威をもつのではない。彼は、自らの「プロジェクト」から生まれた権威をすでにもっていたから選ばれたのである。選出は、自然発生的に（すなわち、彼の権威を「承認する」行為によって）生み出された彼の権威の「顕在化」、「外的表徴」にすぎない。一般に、権威（とその「承認」）は、（いずれ選ばれるであろう）「候補者」の内部で、彼の選出よりも前に（自然発生的に）生まれる。この選出は、すでに現存する（すなわち「承認された」）この権威の（最初の）顕在化にすぎない。同様に、ある「候補者」が選出されない事実は、彼の権威の欠如を顕在化させるだけである。

注記二。「社会契約」の理論（「民主主義的な」）は、選出（政治的その他の）が存在するという事実を誤って解釈することから生まれた。一方でこの理論は、今しがた述べたように、選出は権威を生むのではなく、権威を「確認する」、すなわち、権威を単に外部に顕在化させる（およそ服従行為、つまり「対抗行為」を放棄する行為がそうであるように）だけだということを理解していない。他方でこの理論は、選出のよく知られた事例が原理ではなく人間たちに関わっていることを忘れている。選出は、すでに現存する（すなわち承認された）権威をある個人（または集団）から他の個人（または集団）へと伝達するのであって、それまで他のどこにも存在しなかった権威を創造するのでは決してない。

さらに、この理論を分析してみれば、それが念頭に置いているのは権威の伝達のひとつのケースであるということがわかる。事実、この理論が前提としているのは、選出行為のなかで、またそれを通じて権威が選出者たちから一人の被選出者（または複数の被選出者）へと移り、選出者たちは被選出者のために自分たちの権威（＝「権力」）を放棄するということである。また、我々がこの理論を正当化する（そこに修正を加えつつ）ことができるのは、実際にこうしたやり方によってのみである。なぜなら、いかなる現存権威もないのであれば、選出が権威を生み出すことは決してありえないはずだからである。その上、選出も存在しないはずである。なぜなら、そこには選ばれる者が存在しえないからである。（すでに権威があるのでなければ、どうして他の者ではなく、他ならぬこの者を選ぶのだろうか。また、決定が仮に偶然だとして、その偶然が神の権威でないとすれば、なぜ「選ばれた者」が権威をもつのだろうか。その反対に、もし私が権威をもつならば、私が選んだ者もやはり権威をもつ。後の議論を参照せよ。）

ところで、選出のなかで、またそれによって伝達されるこの権威とは何か。

当たり前のことだが、また定義からして、ひとは自分自身に対して権威をもたない。そこでは、「対抗行為」という考えそのものが無意味である。また、孤立した個人である私が誰かを「選んだ」という事実は、私に対する権威を「選ばれた者」に与えるものではまったくない（むしろその反対である！）。ただし、私が「選ぶ」という事実とは無関係に彼が権威（私によって「承認される」権威）をもっているというなら、話は別だが。したがって、我々が語っているのは、当然のことながら集団的な選出であって、個人的な選出ではない。ところで、この場合には、権威の概念は意味をもつ。なぜなら、集団においては全体と（この全体の）部分とを、また、一つの部分と他の部分（または他の複数の部分）とを区別することができるからである。また、部分に対する全体の権威、あるいは、一つの部分が他の部分（または他の複数の部分）に対してもつ権威を語ることができるし、とりわけ、少数派に対する多数派の（または多数派に対する少数派の）権威を語ることができる。選出は、すでに存在している（すなわち承認されている）この権威を選ばれた者へと伝達するにすぎない。

したがって、問題は結局のところ、この権威がさきに区別され記述された父、指導者、主人、裁判官の権威（およびそれらの「複合体」）とは区別される独自の権威であるのかどうかである。ところで、「社会契約」論が主張しているのはこの権威である（社会契約論は一般に、多数派が少数派に対してもつ独自の権威を語る）。したがって、この理論が正確であるかどうかを検討しなくてはならない。（もしこの理論が正しいとすれば、我々の理論がまちがっていることになる。もし我々の理論が真実であるとすれば、いま問題となっている権威は、我々の言う「純粋」タイプのひとつに還元できるか、それとも諸タイプの「組み合わせ」のうちのどれか一つに還元できるか、そのどちらかになるはずである。）

集団の一部が別の一部に対してよく知られたタイプの権威を及ぼすケースはいくつかあるが、我々はそれらに関心はない。権威が集団的であるか個人的であるかは、権威の本性にも、その生成の様態にも何ら変更を加えるものではない（集団は、例えば指導者の権威を、個人とまったく同様に体現することができる、等々）。問題は、集団の一部がただ部分というだけでもつ独自の権威があるかどうかである。ところで、この権威の根拠となりうるものは、集団の量的な価値だけである。なぜなら、「質的な」価値とはまさに、父、指導者、主人、裁判官の価値に他ならず、これでは我々がすでに研究した事例に逆戻りすることになるからである（というのは、我々がこれらの権威タイプについて語ったときには、個人的権威の事例と集団的権威の事例との間に区別を設けなかったからである)。ところで、量的観点に立てば、三つの事例だけが候補にあがる。すなわち、他の部分に権威を及ぼす部分は、他の部分と同等であるか、多数派を形成するか、それとも少数派〔を形成する〕か、のいずれかである。もしこれら二つの部分が同等であるならば、明らかに、それらの一方が他方に対して権威を——部分として——及ぼす理由はまったくない。もし一方が他方に対して権威を及ぼすとすれば、そこには指導者の資質や裁判官の資質、等々の「質的な」理由があるからである。反対に、多数派は原理的には少数派に対して権威を及ぼすことができるが、その理由はもっぱらそれが多数派であるという点にある。同様に、少数派はもっぱら部分としてのみ、すなわち少数派であるという事実によって、権威を及ぼすことができる。「社会契約」の諸理論(「民主主義的な」諸理論)は、一般に(だが、つねにそうだとは限らない——ルソーを見よ!)多数派としての多数派の独自の権威が存在すると主張する。ということはつまり、選出によって選ばれた者へと伝達されるのは、この独自の権威だということである。

ところで、我々が実際に多数派の権威について語りうるとすれば、まったく同様に少数派の権威についても語ることができるはずである。たしかに、前者の権威のほうがずっと明白であるように見える。それが多数派であるという理由だけで多数派の行為に(自覚的かつ自発的に)服従するというケースがつねに見られる。また、この権威のよく知られたヴァリアントがある。すなわち、「世論」の権威、「世評」の権威、「目立ちたくない」欲望、「皆がやるようにやる」欲望、等々。とはいえやはり、逆のケースも無視してはならない。「陳腐」に対する「独創」の権威と呼びうるものがある。また、「大衆」、「群衆」、「下層民」、「凡人」、等々の言葉に結びついた軽蔑的なニュアンスもある。また、「スノビズム」とよばれる現象も世界中に蔓延している。「スノッブ」とは、自分のことを「独創的」である、「個性的」である、等々と想像している人間であるが、実際にはひとつの権威、つまり「世評」の権威の奴隷となった人間（「小ブルジョワ」に劣らず）である。ただし、彼は自分が「エリート」だと信じる者の権威しか認めず、また、この「エリート」が必ず少数派であるとひそかに想定している。したがって、多数派が多数派として権威を振るうケース（例えば、「俗物」）があるのと同様に、少数派が少数派であるという事実だけで独自の権威を発揮するケース（例えば「スノビズム」）があるのだと言いたくもなろう。

果たしてそこには独自の権威のケースがあるのか、それとも、それらは我々の言う「純粋な」タイプの組み合わせとして解釈することができるのか。これを検討してみよう。

はじめに多数派のケースを取りあげよう。もちろん、その権威がもっぱら、多数派であるという事実から生じているということが議論の前提としてある。ところが実際には、定義からして、ここにはいかなる権威もありえない。事実、自分自身に対して権威を行使することはできないのだから、多数派が自分自身に対して（つまり、多数派のメンバーに対して。というのは、定義からして、多数派は一個の量、すなわち、そのメンバーの総計だからである）もつ権威について語ることは無意味である。少数派に関して言えば、それが現に存在すること自体、多数派の権威を認めないことを物語っている。なぜなら、少数派を形成することはまさしく、多数派に反対することを、したがって（何らかの仕方で）多数派の行為に「対抗する」ことを意味しているからである。ところで、権威がないところでは、「対抗行為」は物理的強制力によってしか抑えられない。したがって、多数派が数的余剰のみに由来するいわゆる独自の「権威」に訴える場合、多数派は事実上、純然たる物理的強制力に頼っているのである。（純粋にかつもっぱら多数派から成る体制は、物理的強制力のみに基づく体制である。したがって、「多数派」体制と「権威的」体制とを対置することができる。後者は権威に依拠し、前者は物理的強制力に依拠する。）

注記。「質的」に平等であれば、多数派は必然的に少数派よりも強いので、少数派は一般にその事実を知っていて、挫折することがわかりきった「対抗行為」をすべて自覚的に放棄する。それゆえに、多数派は一般に物理的強制力を使うとか暴力を用いるといったことを必要としない。「対抗行為」のこうした自覚的放棄は同時に、多数派の独自の「権威」という幻想を生み出す。だが、それはしょせん、幻想にすぎない。なぜなら、この自覚的放棄は自発的とは言えないからである。一般に、強者は実際に物理的強制力を使うことなく、ほとんどつねに自分の意志を押しつけることができるし、反抗のあらゆる企てを放棄させるためにはただ脅迫だけで十分である。ただし、このような「対抗行為」の放棄は権威の承認とは無関係である。例えば、もしボクシングのチャンピオンが私に向かってカフェを出て行けと言ったら、私は「反抗」せずに出ていくが、それは彼が私に対して権威をもっているからではまったくない。

したがって、多数派が多数派であるという事実だけで多数派に帰属する独自の権威なるものは存在しない。少数派についても同じことが言える。たしかに、少数派は必然的に多数派より弱い（物理的に、すなわち量的に）のだから、その権力はその権威だけから出てくる（少数派体制は必然的に「権威的」である）。だが、この権威は少数派が少数派であるという事実からは決して出てこない。その「正当化」（「プロパガンダ」）はきまって次のようなタイプである――「我々は少数派にすぎないとはいえ、我々は……」。少数派が帯びる権威は、量ではなく「質」によって「正当化」される、または説明される。（「スノッブ」ですら、エリートを自任するのであって、少数派を自任するのではない）。つまり、少数派の独自の権威など存在しないということである。具体的ケースを分析してみればわかるように、少数派はつねに、父か指導者か主人か裁判官の権威（またはそれらの「組み合わせ」）に訴える。

要するに、多数派または少数派に属するという事実は、それだけでは決して権威を生み出すことはできない。多数派または少数派の権威は、幻想的である（単なる物理的強制力）か、さきに挙げたいくつかのタイプの一つまたはそれらの「組み合わせ」に属するか、そのどちらかである（ちなみに、後者の権威は多数派にも少数派にも属することができる）。

だが、「社会契約」の理論は必ずしも「多数派の」理論の性格をもつとは限らない。少数派に対する多数派の独自の権威の実在を（あやまって）想定するヴァリアントは、部分に対する全体の独自の権威の実在を（多少とも自覚的に）認める本来の理論（ルソーを参照せよ）の歪曲でしかないとすら言えよう。（このように、ルソーにとって、全体の——または「一般意志」の——権威は必ずしも多数派によっては説明できない。ある種の場合においては、この権威は、すべての個別意志の総計に対抗することさえありうる。『社会契約論』を参照せよ。）

「一般意志」（数の問題とは別に、個別意志とその総計に対置される）が存在するという事実に異論の余地はない。この事実は久しい以前から存在してきたし、ルソーはその事実を明るみに出したという功績（巨大な功績だ！）をもつにすぎなかった。ルソーの「一般意志」（我々はこれを部分に対する全体の権威と呼ぶことができる）は、それ以前には「国家理性」、等々と呼ばれてきたものである。託宣に頼っていた古代の異教徒の政府が訴えたのも、この一般意志である。中世においては、教会と教皇がこの一般意志を引き合いに出すことで、それを封建領主たちや国王たちの「個別意志」に対置した。（ある国王が自ら「皇帝」と称して、この「一般意志」を——国王としての「個別意志」に加えて——代表すると宣言したときに、宗教権力と世俗権力の対立が始まった。）「一般意志」が神的な（さらには、「宗教的な」指導者によって解釈される場合には「イデオロギー的」な）性格をもつことを止めたときにはじめて、「一般意志」が多数派の意志を通じて表明されるという考えが抱かれるようになる（この「一般意志」の別の「担い手」を見出すことができたとき、あるいは見出したと信じたときから、このまちがった考えは放棄された。別の「担い手」とは、レーニン-スターリンの「プロレタリアート」、ムッソリーニの「インペロ」、ヒトラーの「フォルク」、等々である。）

したがって、一般意志が存在するという事実は否定しがたい。問題は結局、それが独自の権威であるのか、それとも我々の言う権威の「純粋」タイプの何らかの組み合わせなのかである。ところで、現象学的分析は、まさしく後者が正しいことを証明しているように見える（注意——この問題をより詳しく研究すべきである）。

「一般意志」の概念そのもの（さらには、この一般意志が総じて神的権威の様相を帯びる傾向があるという事実）が示すように、一般意志は全体的（選別的ではなく）で絶対的（相対的ではなく）な権威を要求する。言い換えれば、一般意志は権威のすべての形態を併せもたなくてはならない。では、一般意志は我々の言う四つの「純粋」タイプの組み合わせとはやはり別のものなのか、また、一般意志はこれらのタイプのすべてを含むのかどうか。これを検討してみよう。

主人の権威の要素を探し出すことから始めなくてはならないのは明らかである。全体は、その部分の総計から区別されるかぎりにおいて物理的な（物質的な）現実ではないのだから、全体にとって、死を賭けた闘争のなかで生命を危険にさらすことは問題にならない。したがって、部分に対する全体の権威は、奴隷に対する主人の権威であることはけっしてできない。（また、全体のこの「観念性」または「非現実性」ゆえに、「一般意志」は物理的強制力とは無関係であり、純粋な権威でしかないのである。）

だが、全体と部分の関係とは一般に何なのか。機械的全体は諸部分の総計以外の何ものでもない。機械的全体は、諸部分を決定するどころか、むしろそれ自身が諸部分によって完全に決定されている。生きた有機体に関してのみ、全体とその部分とを対置することができるのであり、またある程度までは、諸部分が全体に「服従」し、かつ、諸部分がこの全体としての全体によって決定されると言うことができる（例えば、アリストテレスのエンテレケイア概念の真価は、実際には、物理学的推論や化学的推論、等々、にではなく、特殊に生物学的な推論のなかにこそ見出される）。したがって、部分に対する全体の権威を語ることができるのは、社会（または国家）が有機体とのアナロジーによって考えられるかぎりにおいてのみである。だとすれば、「一般意志」の権威の現象学的分析は、このアナロジーをこそ指針とすべきである。

ところで、全体の（生物学的な）概念は次の二つの事柄を説明できなくてはならない。すなわち、⑴遺伝に関して、つまり有機体の構造の永続性（「ニワトリは卵よりも先にある」）に関して、また、⑵この有機体の様々な要素の調和に関して、である。反対に、全体の原因性（目的性）は、有機体のあらゆる種類の「革命的」変化（「突然変異」）を排除する。かりに種（全体）が変化するとすれば、それは諸部分の一つ（または複数）が変化したからである。したがって、調和と永続性があるところでは、全体が部分を決定するといえるが、およそ（「本質的な」）変化においては、諸部分による全体の決定がある。

以上を「権威」言語に翻訳すると、「一般意志」の権威は父の権威と裁判官の権威の組み合わせであるが、指導者の権威の性格はいっさいもたないといえよう。事実、指導者が指導者になるのは、彼がプロジェクトを提案した結果である。すなわち、所与の現実が変化すること（多少ともラディカルな、とはいえ単に企てられたにすぎない変化）によってである。したがって、指導者の権威を帯びることができるのは「個別」意志（部分）にすぎない。（ルソーにおいてさえ、改革や革新は、明らかに「個人」の性格をもつ「立法者」によってなされる。しかも原理的には、この「立法者」が集団的な個人――少数派、場合によっては多数派――であることに何の支障もない。しかしながら、彼が「部分」に対立する「全体」でないことは確かである。彼は、全体に対立する「部分」なのである。）その反対に、父の権威が表現するものは他ならぬ「遺伝的な」様相、全体の原因性がもつ「永続性」という側面である。したがって、「一般意志」の権威は「父」タイプの権威であると言える。それは原因（「目的因」）の権威であり、したがってまた「伝統」の権威であり、自己自身との同一性の維持に役立つあらゆるものの権威である。だが、ここで問題となっているのは全体、すなわち複数の部分なのだから、その同一性というのは単一性ではなくて、複合的な内部構造をもっている。言い換えれば、この同一性が諸部分の調和を決定している。ところで、人間的な（社会的または政治的な）世界においては、この調和とは正義以外のものではありえない。したがって、「一般意志」の権威は裁判官の権威を併せもつ父の権威であり、そこでは父の権威がより「基底的な」（または「第一次的な」）権威である。（したがって、我々の一覧表では、この権威はＰＪタイプを現実化する。）他方、この分析全体からわかるように、「一般意志」は父の権威と裁判官の権威以外のいかなる独自の権威ももたない。

次に、全体の権威から多数派の権威へと視線を移してみれば、そこでは裁判官の権威の要素が必然的に消滅することがわかる。少数派が現に存在するという事実そのものが示しているように、全体の諸部分は調和しておらず、このことは、この全体がもはや「正義」によっては支配されないことを意味している。したがって、多数派が少数派との関係においてすら自らの多数性に訴えるかぎりにおいて、多数派は裁判官の権威に頼ることはできない。仮に多数派が他のいかなる権威ももつことができないとすれば、そのときはただひとつ物理的強制力に訴えるしかない。多数派が多数派としての権威をもつかに見えても、実際には、多数派は全体の（「一般意志」の）権威の代表者としてのみ権威をもつにすぎない。だが、多数派は、多数派（これは定義からして公民のすべてを含まない）であるかぎりは、「裁判官」の要素を代表することができない。したがって、多数派は父の権威に頼るしかない。言い換えれば、多数派の権威などまったくないか、父の権威の一ケースになるか、そのどちらかである。いずれにせよ、そこに独自の権威など存在しない。

また、この分析は経験によっても確かめられる。多数派は権威（その数そのものから引き出された権威）をもつかぎりにおいて、伝統の守護者、等々として介入する。多数派の権威は、「元老院」の権威、「監察官」の権威、等々である。それはまた「世評」の権威でもある。したがって、新しい物事を自発的かつ自覚的に提案する者たちはすべて多数派を愚弄しているのである。同様に、この多数派は、社会が目覚め、変化を目指す「革命的な」時代のなかではあらゆる威信を失う。

次に、権威の伝達の問題に目を転じよう。

権威の伝達は、世襲か、選挙か、指名か、そのいずれかによって行われる。まずは世襲による伝達について考えてみよう。

　世襲による伝達の場合、そのいずれにおいても、権威は特定の人物との結びつきをもたないことが（多少とも自覚的に）想定されている（ついでに言えば、ここから権威の集団的所有の可能性もでてくる）。だから、権威の担い手となる人物（権威を代表し、体現し、実現する人物たちが権威の物質的な担い手となる、等々）を別の人物によって置き換えても、権威の同一性は保たれる。つまり、権威はそれをもつ者の存在によってではなく、その者の行為によって（またはその者の「資質」によって、つまり「実体」によってではなく「属性」によって）生み出される。だとすれば、別の一人の（または複数の）人物がこれと同じ行為をした場合、その者もやはり同じ権威をもつことになる。こうして、権威が一人の人物（個人または集団）から別の人物へと伝達される場合でも、この権威は同一であり続けることができる。ただしその場合、彼らのいずれもがこの権威を生みだした行為を再現できなくてはならない。

　ところで、世襲的伝達は、行為が、あるいはより正確には、それらの行為をなす「力量」または可能性が父から子へと伝達されるという理論（多少とも自覚的な理論）に基づいている。ここから、息子（または一般に近縁の人物）が父の権威を世襲するという考えが出てくる。実を言えば、この権威伝達の理論の土台にはきわめて「原始的な」、さらには「呪術的な」考え方がある。そこでは、この「力量」（＝行為をなす可能性）は一種の半物質的な実体（「マナ」）と見なされる。この実体は同一家系のすべてのメンバーのなかに（おおむね完全なかたちで）見出されるが、それが最も完全に伝達されるのは、父から息子に向けて（娘に向けてではない）である。ただしこの「力量」は、伝達のたびに少しずつ弱まっていく（弟はそれを兄よりも少なくしか受けとらない、等々）。（より後期のヴァリアント――もし権威が神的起源をもつならば、その神性は長男へと優先的に伝達される。）権威のこのような「唯物論的な」考え方が解体していくにつれて（事実、権威を生み出し維持する「力量」が遺伝的であることを想定すべき根拠はまったくない）、世襲による伝達はその威信を失っていった。今日では、そうしたことはほとんどありえないと考えられている。遠い昔の時代には、この伝達様式があらゆる権威タイプに（裁判官の権威にさえ）適用されていた。だが今では、人々はそれを完全に拒否したがっているように見える。

事実は、この権威伝達の様式が誤った理論に基づいているために、それは遅かれ早かれ消滅する運命にあるということである。だが、あらゆる権威タイプのなかでも、やはり父の権威がその本性上、最もこの伝達様式に適合的である。なぜなら、この権威は伝統の権威に他ならないからである。

注記。「立憲」君主の権威は本質的に父の権威であると言ってよい。だからこそ、「立憲」君主の場合には、世襲的伝達はそれほど「世論」の反発を買うこともなく今日まで維持されることができたのである。だが、国家元首の権威の世襲的な伝達原理を維持するかぎり、この国家元首に対して指導者の権威や裁判官の権威を認めることはできないし、ましてや、主人の権威を認めることは不可能であろう。同じことは、世襲の「元老院」についても言える。例えば、英国の上院。

さて、残るは選挙と指名という二つの伝達様式である。

一見したところ、この二つの用語は同義語に見える。たとえば、アテナイでは役人が民衆会議によって選ばれたとか、ペルシア大王がサトラップを指名したなどとよく言われる。だが、まったく同様に、多数派が候補者を指名する（なぜなら、多数派は誰にも相談せず、また誰からも制約されずに候補者を指示するからである）とか、独裁執政官が自分の協力者を選ぶ（なぜなら、彼は自分がいちばん良いと思う者を選択するからである）と言うこともできる。いずれにせよ、そこでは一者か複数者か、投票があるかないかは本質的な違いではない（ローマの三頭政治の執政官たちは自分たち同士で投票しあうことができたが、それはあくまで指名であって選挙ではない）。にもかかわらず、我々が「選挙」や「指名」について語るときには、二つの異なった政治カテゴリーを用いているという感覚がたしかにある。そして、実際に本質的な差異がある。この二つの概念を次のように定義することで、両者の差異をはっきりさせることができる。権威候補者が権威、それも同じタイプの権威を自ら所持する者（または者たち）によって指示されるとき（たとえば、ある指導者が別の指導者によって指名されるとき）、指名による権威の伝達がある。候補者がいかなる権威ももたないか、または別のタイプの権威をもつ者たち（または者）によって指示されるとき（たとえば、裁判官が指導者によって指名されるとき）、選挙による伝達がある。実際、二番目のケースでは、本物の選挙、すなわち（最良の者の）選択がある。そこでは選出者が権威をもたず、いわば自分自身に対してのみ権威を負っているのだから、候補者はこの選出者から権威を引き出すことができない（選挙は候補者のもつ「価値」、すなわち、候補者のもつまさしく権威を開示するだけである）。逆に最初のケースでは、候補者は選出者から権威を引き出すのだから（選出者は自らの「力量」を、例えば指令、助言、教育、等々の形で候補者に伝達することができる）、候補者は原理的には誰であってもかまわない。

注記一。厳密に言えば、選挙は本質的にクジ引きと違わない。たしかに、選出者――個人または集団――は最良の者を選択できると信じている。だが、選出者が権威をまったくもたないならば、彼の選択は他の者たちにとっては何の価値もない。彼らから見れば、それはあたかもクジ引きで候補者を決めたようなものである。選出者が「消極的権威」をもたないのであれば、裁判官をならず者どもに選ばせるよりもむしろ、クジ引きで裁判官を決めた方がよい。同じことは、伝達される権威とは異なるタイプの権威をもつ選出者についても言える。彼はこのケースには不向きである。したがって、直接的な普通選挙――および住民投票――はクジ引きと異ならない。また、すでに見たように古代「民主制」では、投票による選挙はしばしばクジ引きすれすれであった。議会制では、議会は国王の権威を引き継いでいる。つまり、議会は自らが指示する者たちを指名するのである。問題は、この議会の権威がどのような性質をもつかである。議会メンバーが直接的な普通選挙によって選ばれることは、彼らがクジ引きによって選ばれることを意味する。だとすれば、ここでは国王の権威が世襲的に伝達される代わりにクジ引きで伝達されていることになる。問題は、そこで国王の権威のどの要素が伝達様式の変化を越えて生き延びたかである。一般には、指導者の権威だけが残る。つまり、他の三つのタイプは消滅するのである。

注記二。指名の場合、指名者は自らの権威を減少させることなく、被指名者にその権威の一部を伝達することができる。こうして、被指名者は指名者の身体の一部となり、指名者とともに同じ一つの権威の「担い手」となる。したがって、被指名者が権威を喪失することは、指名者が権威を喪失することと同じと見なされる。つまり、何らかの過ちを犯すことと、過ちを犯す者を指名することとは、ほとんど同義である。過ちを犯した者の代わりに別の者を指名することは、指名者が自ら誤りを訂正することである。だが、指名者は自己の権威のすべてを被指名者に伝達することもできる。つまり、指名者は自らの後継者を指名することもできる。

注記三。世襲的伝達が間違った理論を前提しているとすれば、選挙による伝達、すなわちクジ引きによる伝達もまた、明らかにきわめて説得力が乏しい（ただし、そこに神の権威を介在させる場合は別である。その場合は、抽選や選挙は単に神による指名を開示するだけである）。したがって、容認しうる伝達様式としては、ただ指名だけが残る。だが、いかなる権威伝達にもまして、権威の自然発生的生成の方をつねに優先させる必要がある。それは明らかである。権威の代表者を別の代表者に置き換えなくてはならない場合、いちばん良いのは、自ずと敬意が払われる候補者の権威を承認することである。そもそも、いわゆる選挙とは一般に、こうした自然発生的な生成の外的な顕在化にすぎない。肝心なことは、こうした生成を妨げないような仕方で選挙体制を組織することである。

その本質そのものからして、権威は自然発生的な生成を前提とする。権威の伝達は、それがいかなる伝達であれ、つねに多少とも権威を減退させる。とはいえ、権威の四つの純粋タイプを個別に検討してみれば、伝達に最も不向きであるのは裁判官の権威であることがわかる。裁判官として真の権威をもつためには、この権威の代表者はつねに自らの個人的な「正義」(「公平」、「誠実さ」)に基づく自然発生的な権威をもたなくてはならない。

注記。陪審員をクジ引きによって選ぶことは、裁判官の権威の一種の自然発生的生成である。この場合、陪審員は偶然によって選ばれたがゆえに公正であると見なされる。すなわち、裁判官の権威の土台である正義の「力量」を現実化すると見なされる。また、彼らの権威は、彼らが選ばれた事例に関してのみ、すなわち、彼らが「正義の人」と見なされるあいだだけ妥当する。

父から伝達される権威について言えば、すでに見たように、それは世襲による伝達に最も適合的である。(次いで適合的なのは指名、すなわち、同じ父の権威をもつ者による指示であり、最後に選挙、すなわち、クジ引きという順である。) 主人の権威は、それが伝達されうるかぎりにおいては、選挙(すなわちクジ引き)に最も適しているように見える。なぜなら、勝者の権威が自然発生的に生成するなかで、偶然がすでに一定の役割を果たしているからである。

注記。おそらくはこうした理由から、「僭主」たちは自らの権威を住民投票によって確認させる傾向がある。

逆に、世襲的伝達はこの種の権威（個人的な「生命の危険」に基づく権威タイプ）にはまったくといってよいほど不向きであり、世襲的な主人の地位はこれまでつねに権威ではなく物理的強制力にその基礎を置いていた。最後に、指導者の権威は、それが伝達されなくてはならないかぎりにおいて、指名（むろん、指導者の権威をもつ者による指名）に最も適合的である。とはいえ、指導者は未来を予見する（自らの企てに成功する）ことができるはずなのだから、彼は自分を指名する者の行動を事前に察知しているはずである。したがって、承認された指導者による指名は、原理上は指導者の権威とは別の権威さえも伝達することができる。言い換えれば、権威の自然発生的な生成がないかぎり、既存の指導者の権威はつねに指導者による指名を通じて伝達される傾向がある。

だが、これらの問題のすべてはより詳しく研究する必要がある。

一般的な注記。この四つのタイプ（およびそれらの「組み合わせ」）はいずれも様々な「領域」で現実化しうる。すなわち、政治的領域、宗教的領域、等々である。（「彼岸」との（想定された）関わりがあるところには宗教的な「領域」があり、国家があるところには政治的な「領域」がある（国家に関するノートを見よ）、等々。）＊これらのタイプ（とその「組み合わせ」）がすべての「領域」で実現可能かどうかを検討しなくてはならない。

＊遠まわしにではあるが、ここで指示されているのは『法の現象学粗描』の記述（原著二〇ページ以下、三九二ページ以下）のことであろうと思われる。ただし、レオ・シュトラウス著『僭主制について』（パリ、ガリマール社、「テル」叢書、一九五四年）所収のコジェーヴの論文「僭主制と知恵」（原著二一五ページ以下）〔邦訳『僭主政治について』上下、現代思潮新社〕も参照のこと。（編者注）

II　形而上学的分析

次に、権威現象の形而上学的分析に移ろう。ただし、ここではきわめて概略的な分析しかできない。

権威が本質的に人間的な（自然的でない）現象であること――つまり、社会的で歴史的な現象であることは疑いない（だが、それをここで証明することはできない）。権威は社会（または広い意味での国家、（原注1）すなわち、「対抗行為」の可能性をもたない動物的群居とは別のもの）を前提しており、この社会は（単に生物学的、自然的進化のみならず）歴史を前提して（そして含んで）いる。

（原注1） 国家（＝社会）は政治的、宗教的（「彼岸」との想定された関わりにおいて）、等々でありうる。宗教的国家は「教会」とよばれる。だが、我々がここで取り上げるのは政治的国家だけである。

言い換えれば、権威は、時間的構造をもつ世界のなかでのみ「顕在化する」（「現象」になる）ことができる。したがって、権威の形而上学的基礎は「時間」（すなわち、未来、過去、現在というリズムをもつ「人間的」または「歴史的」な時間であり、この時間は、現在が優位に立つ「自然的」時間――「物理学的」領域における時間――や、過去が優位に立つ「自然的」時間――「生物学的」領域における時間――と対立する）という本体のひとつの「変容」である。未来の優位があってはじめて、（後で見るように）指導者の権威の優位もありうる。たとえば、最も権威らしい権威とは、普遍的な「プロジェクト」をもつ「革命的な」（政治的に、宗教的に、等々）指導者（スターリン）の権威である。永遠なるものそれ自体は権威をもたない。後で見るように、権威タイプの一つは形而上学的には永遠にその基礎を置いているが、永遠なるものは時間との関わりにおいてはじめて権威として「顕在化する」ことができる。

ところで、時間が時間であるかぎりで権威としての価値をもつことは疑いない。奇妙なことだが、また一見したところ逆説的だが、時間はその三つの様態のすべてにおいて権威をもつ。

最初に過去をとりあげよう。過去はつねに「敬意を払われる」。過去に触れることは「冒瀆」である。過去を無視することは「非人間的」である。いつの時代でも——とりわけ異教的古代においては——制度の権威はその古さによって「正当化」（説明）されてきた。同様に、家系や国家の古さは、単に栄光の証しであるばかりか、権威のきわめて現実的な土台ともなってきた。

だが他方で、未来のもつまったく同様に異論の余地のない権威がある。「未来の人間」は「前途洋々」という事実そのものによって権威をもつ。「青年たち」の権威は彼らが体現する未来から引き出される。だから、それはしばしば途方もない規模になる。ひとは往々にして「明日の人間」の権威を承認する。また、ひとは過ぎ去りし千年を引き合いに出す（ムッソリーニを見よ）こともできれば、まったく同様に、来るべき千年に訴える（ヒットラーを見よ）こともできる。

最後に、現在もまた現在としての権威をもっている。ひとはアップ・トゥ・デートでありたいと思い、「時代遅れ」でありたくないと思っている。「流行」のもつ巨大な——そして「暴君的な」——権威は、現在の権威、「今日的なもの」の権威である。「時の人」の権威は、彼が「今日性」を、現在を、すなわち、何ごとかが世界内に「現実に現前すること」（ヘーゲルの言う *Gegenwart*）を、他の誰にもまして体現しているという事実に由来しており、この「現実に現前すること」は、過去の「詩的な」非現実性や未来の「ユートピア的な」非現実性とは正反対である。

他方、これらの「時間的な」権威すべてに永遠の権威が対立している。ひとはしばしば「永遠の原理」に訴えるが、その権威はそれらが時間の三つの様態の外部にあるという事実に由来する。地上における神の代理人は、自己の権威をこの永遠から引き出している。だが、もし永遠なるものが権威をもつとすれば、それはもっぱら「時間性」との対立によって、すなわち「時間性」との関わりによってであることは明らかである。永遠（我々は証明ぬきで永遠を永遠と言っておく）は時間の否定にすぎない、すなわち時間の一関数にすぎない。また、永遠なるものの権威が権威として確立されるのは、現在の権威、過去の権威、未来の権威との（否定的な）関わりにおいてである。

したがって、時間の三つの様態が権威をもつのと同じく、永遠も権威をもつ。問題は、この永遠の権威が独自の権威であるのか、それとも、我々がさきに検討した四つの「純粋な」権威タイプの形而上学的土台の直接的な「顕われ」なのかである。

一つの証拠が二番目の仮説の正しさを示唆している。我々はさきに権威の四つの純粋タイプを区別したが、ここで検討している権威も必然的に四つのタイプに分割される。すなわち、永遠なるものの権威と、現在の権威、過去の権威、未来の権威という時間性の権威である。したがって、この両者は同じ四元的構造をもつ同じ一つの権威の二つの相互補完的様相であると想定するのが自然である。

確かに、それはひとつの証拠にすぎない。だが、このことは別の証拠によっても確認できる。我々の言う四つの「純粋」タイプを検討してみればわかるように、それらは自ずと二つのグループに分かれる。つまり、裁判官の権威は、父、指導者、主人の権威と対立しており、あとの三つは一まとまりである。このことは、裁判官の権威が永遠なるものの権威に近似していることを示唆する。永遠なるものの権威は三つの時間的権威と対立しており、これらの時間的権威もまた時間的なもののとして一体である。だとすれば、これら三つの時間的権威を裁判官の権威以外の三つの「純粋な」権威タイプに対応させることができるはずである。

この想定は分析によって確認できる。一方では、すでに見たように、裁判官の権威はいかなる種類の伝達にもほとんど向かない。それに対して、他の三つの権威タイプはともかくも伝達されるし、とりわけ世襲によって伝達される。（権威をもつ者の息子というだけの理由で、この息子たちが父や主人や指導者の権威を引き継ぐということがしばしば見られるが、誰かがある裁判官の血縁というだけで裁判官の権威を継承するという事例はまったくと言ってよいほど知られていない。）したがって、裁判官の権威はある意味で時間の外部にあり、それはあらゆる「継承」に対して、すなわち、あらゆる「時間化」に対して反発するといえる。つまり、裁判官の権威はつねに実在していると見なされるのであり、さもなければ、その権威は後続の何ものかへと（切れ目なしに）「移る」代わりに完全に消滅するのである（そして、あらためて自然発生的に再生する）。その反対に、他の三つの権威は時間のなかで「持続する」ように見えるし、その「伝達」はそれらの時間的本質を顕在化させるだけである。他方で、裁判官の権威は他の三つの権威といわば対立関係にあり、あとの三つはこの対立においてやはり一体である。事実、裁判官は原理上、父、主人、指導者を「裁く」ことができるが、裁判官の権威はその本性上、他の三つの権威タイプが生み出す行為の影響を理論的には免れているはずである。最後に、永遠が「権威的」性格をもつのは、時間との関わりのなかで、またそれによってのみであるのと同様に、裁判官が真の権威をもつのは、彼が他の三つの権威と対立する（いざというときに）かぎりにおいてのみである。（もし父、指導者、主人が、定義上または「本質」上、「正義の人」であるならば、裁判官だけがもつ権威などはないだろう。また、もし裁判官が自己の「正義」を父、指導者、主人の意志に対抗させることができないのであれば、彼はまったく「権威」をもたないだろう。）

以上のことから、裁判官の権威は永遠なるものの権威の一「ヴァリアント」、すなわち、永遠が時間との関わりのなかで「権威的に顕在化すること」の一「ヴァリアント」以外の何ものでもないと想定できる。また、この想定は実際に分析（ここではその粗描しかできないが）してみることで確認できる。

永遠なるものは人間的行為のいくつかを無効にする。すなわち、永遠という要素による能動的介入に対する「反抗」の性格をもつ行為を無効にする。そのかぎりで、永遠なるものは人間的行為との関わりによってはじめて厳密な意味での権威をもつと言える。したがって、権威をもつのは永遠それ自体ではなく、永遠的な性格をもつ行為である。ところで、行為が「永遠的」であるのは、行為が時間の「外に」ある（すなわち、過去、現在、または未来によって生み出される諸条件から独立している）場合か、行為が「あらゆる時間」のなかにある（すなわち、現在、過去、そして未来のなかにある）場合か、そのどちらかである。だが、それこそはまさに「正義の」行為の特徴に他ならない。正義の行為は時間の外部にある。なぜなら、この行為（例えば、「正しい」判決）は、日々の「利害」によっても、過去によって規定される「先入観」によっても、さらには未来に根ざす「欲望」によっても左右されないからである。また、それは「あらゆる時間のなかに」ある。なぜなら、その行為が正義にかなっているということは、それが「永遠に」正しいということであり、したがって、その行為は現在においてのみならず、過去や未来においても（「判決」として）無際限に妥当するからである。永遠は時間の個々の様態の否定であるから、この永遠を時間の個々の様態の全体性または統一と見なすことができる。同様に、裁判官の権威（「正義」）もまた、他の三つの権威の「統一」として解釈することができる。つまり、これら三つの権威がともに裁判官または「正義」の権威に従属することで、はじめてそこに調和的統一や安定的または「永遠的」な統一が生まれるのである。

永遠が「権威」という形で「顕在化する」のは、永遠が世界内に正義として現実化されるかぎりにおいてのみである。だとすれば、裁判官の権威の形而上学的基礎もまた、永遠が時間へと「浸透すること」のなかにしかないといえる。また、この「浸透」の「結果」として、時間の「持続」と時間の「統一」がもたらされる。したがって、永遠は、時間との関わりにおいて、まさしく裁判官の権威の形而上学的土台に他ならない。

他の三つの「純粋な」権威タイプに関して言えば、それらの形而上学的土台は時間（「人間的」時間）である。実際、これらの権威が「時間的」性格をもつことは疑問の余地がない。残る問題はただひとつ、それらが時間の三つの様態とどのように対応しているかである。

すでに見たように、父の権威は世襲的伝達に最も適合的であるが、指導者の権威と主人の権威はそれぞれ指名による伝達と選挙（およびクジ引き）による伝達に適している。ところで、世襲が過去の観念によって支配されていることは明らかである。その反対に、指名は未来に（被指名者の将来における振る舞いに）訴えているように見える。選挙（＝「クジ」）に関して言えば、そこで重要なのは選挙（＝クジ引き）が行われるという単純な事実、すなわち、本質的に現在に帰属する行為である。以上のことから、父の権威が過去の「顕在化」であり、指導者の権威と主人の権威はそれぞれ未来と現在を「顕在化させる」と想定できる。

この想定は実際に分析することで（ここではその粗描しかできないが）確かめられる。

はじめに過去を取り上げよう。権威をもつのは過去それ自体ではない。たとえば、自然は人間よりも古いし、一つの石の年齢は非常に「尊敬すべき」ものでありうる。にもかかわらず、これらのケースにおいてはいかなる権威もありえない。私に対して権威を及ぼす過去は、歴史的過去である。それは私の過去、すなわち、私の現在の「原因」であり、私の未来の「土台」である過去である。それは、未来を目指しつつ現在を決定すると見なされる過去である。言い換えれば、過去が権威を獲得するのは、それが「伝統」というかたちで現れるかぎりにおいてである。ところで、すでに見たように、父の権威はまさしく歴史的「原因」または「伝統」の権威に他ならない。したがって、過去の様態における時間は、「権威的」なかたちとしては父の権威として「顕在化」し、この父の権威の形而上学的基礎は、過去が現在のなかに「現前すること」のうちに、すなわち、過去が時間的世界を構成するあらゆる現実のなかに「現前すること」のうちにあると言うことができる。

次に未来を見てみよう。ここでもまた、純然たる未来はいかなる権威ももたない。あらゆる物事の先には未来があるが、そのことがこれらの物事の威信を増大させることは決してない。未来が権威を及ぼすのは、その未来が私の未来、歴史的な未来である場合に限られる。それは、過去との絆を維持しながら現在を決定する（または決定すると見なされる）未来である。言い換えれば、未来が権威を及ぼすのは、それがプロジェクト（過去の知識に基づき、未来を展望しながら現在において構想されるプロジェクト）のかたちで「顕在化する」かぎりにおいてのみである。ところで、「プロジェクト」の権威とは指導者の権威に他ならない。したがって、未来は「権威的」なかたちとしては指導者の権威として「顕在化」し、この権威の形而上学的土台は、未来がおよそ現在（人間的な現在、すなわち歴史的な現在）、すなわち、時間的な（ということは歴史的な）現実であるものすべてのなかに仮想的に「現前すること」であると言えよう。

最後に現在について考えてみよう。およそ（時間的世界のなかに）実在するものはすべて「現在的」であるから、現在それ自体はいかなる権威ももちえない。権威を「被る」ものは、権威を「行使する」ものと同じ資格において純然たる現在であるということができる。異論の余地のない権威をもつのは歴史的現在（「歴史的瞬間」）であって、物理学的「現在」（t=0）ではない。権威をもつのは、単に「現前する」（すなわち実在する）だけの事物の塊のなかに「現実に現前する」本体である。「現実に現前する」とはつまり、精神が「物質」のなかに「現実に現前すること」、（言葉の強い意味で）実在しないものがおよそ実際に実在するもののなかに「現実に現前すること」である。ところで、時間的世界における非実在的なものとは、もはや実在しないものであるか、いまだ実在しないものであるかのどちらかである。すなわち、過去または未来である。したがって、過去と未来が現在のなかに「現実に現前すること」こそが権威をもつといえる。それは、過去から生まれ、未来を孕む現在である。ところで、このような現在（人間的または「歴史的」な現在）は、語の強い意味での行為、すなわち、過去の記憶と未来のプロジェクトを現在のなかで実現する行為以外の何ものでもない。だが、行為は存在と対立する。この対立は、行為が引き起こす存在の変化のなかで、またそれによって（あるいは、こういってよければ、存在の変化として）現実化し「顕在化する」。つまり、行為とは究極的には存在の能動的な破壊に他ならない。ところで、主人の権威を生み出す「生命の危険」とはまさに、こうした言葉の本来の意味での行為であり、この行為は自己の存在（自己の生命）と対立し、自己の存在を危険にさらし、場合によっては自己の存在を完全に無化することさえある。また、（この「生命の危険」に基づく）主人のあらゆる活動は、過去と未来を現在のなかで実現し「顕在化」させる活動であり、語の本来の意味での行為である。ところで、行為とはまさしく、時間が現在の様態において「顕在化」することである。したがって、主人の権威の形而上学的土台をなすものは現在（歴史的世界の現在）であり、この現在が「権威的」なかたちで「顕在化する」のは、それが本来の意味での行為として、すなわち、自己の存在を完全に失う危険さえも敢えて冒す行為として実現されるかぎりにおいてであると言うことができる。（「未来の夢」の権威や「過去の防衛」の権威と対立する「日々の必要」の権威は、つまるところ、戦争の必要性〔必然性〕の権威、あるいはより一般的に言えば、民族の過去が民族の現在を通じて民族の未来へと浸透することに伴う生命の危険の権威に他ならない。）

したがって、主人の権威は戦士の権威だけに限られない。一般にそれは、（あらゆる領域において）「危険を冒す用意がある」者、「なすべきことを心得ている」者、「決断（企て）ができる」者、「準備が整っている」者、等々の権威である。要するに、それは必ずしも「分別がある」とか「慎重である」とは限らない者がもつ権威である。

時間は——永遠なるものとの関わりにおいて——時間的世界がもつ「因果的」構造によって、この時間的世界のなかで現実化される。その詳細には立ち入らないが、ここでは次のことを指摘しておこう。すなわち、永遠が「形相因」によって現実化されるとすれば、時間は過去を「質料因」として、未来を「目的因」として、現在を「動力因」として現実化する（アリストテレスを参照せよ）。ところで、人間的実存の地平においては（つまり、歴史的な時間的世界においては）、「形相因」は「観想」によって、すなわち、一般に「受動的」、「理論的」、「没利害的」、「静寂主義的」な行動によって「顕在化する」。その反対に、他の三つの「原因」は、人間的実存の地平においては、「実践的」または「能動的」、「意志的」、「利害的」な行動の様態によって「顕在化する」。「動力因」は、言葉の本来の意味での「行為」によって、すなわち、現在において実行される行為によって「顕在化する」。「目的因」は「プロジェクト」によって、すなわち、未来に向けて投企された行為によって「顕在化する」。また、「質料因」は「存在の記憶」または「伝統」によって、すなわち、あたかも原因から結果へと存在が「移行する」かのように、いわば惰性的に行われる「伝統的」行為によって「顕在化する」。また、これらの顕在化の「権威的」様相こそがまさに権威「現象」に他ならないということ、すなわち、一方でそれは父、主人、そして指導者（これらはすべて何らかの仕方で他者に働きかける）の権威であり、他方では裁判官（他者に働きかけるのではなく、ただ他者の行為を「観照する」——または「裁く」——だけである）の権威であること、このことは容易に見て取れる。したがって、歴史的世界の「因果的」構造（それは歴史的世界の「時間的」構造から派生する）もまた四つの権威現象の形而上学的土台であり、それは権威現象を全体として「正当化する」、または説明する。すなわち、権威現象の内部構造（一＋三という分割）や権威の四つの構成要素の相互関係を「正当化する」、または説明する。

このように、形而上学的分析は、権威の還元不可能なタイプが必ず四つあるのはなぜか、また四つしかないのはなぜかを説明するという意味で、現象学的分析を「正当化する」。それは、我々が示した六十四の「ヴァリアント」の一覧表が真に完全であることを証明している。また、この分析によって、各「純粋」タイプ（および各「ヴァリアント」）や、それらの相互関係に関する分析的記述を調整したり修正したりすることも可能になる。その結果、権威現象の現象学的分析から引き出される政治的、道徳的、心理学的帰結を補充したり「正当化」したりすることが可能になる。

だがそのためには、形而上学的分析をさらに徹底させる一方で、それを精緻な存在論的分析によって補う必要がある。とはいえ、この場でそうした作業に着手することはできない。

ここでは、さきに示した短い粗描と、存在論的分析に関する以下の若干の考察をもって満足するしかない。

Ⅲ　存在論的分析

形而上学的分析（時間―原因）は、その概略が記述されたにすぎない。存在論的分析については、すべて今後に委ねるしかない。ここでは、存在論的分析に関するいくつかの歴史的考察を手短に行うことで満足するしかない。

権威の四つの「現象」は、（人間的実存の地平において、）永遠の形而上学的「現実存在」と時間の三つの根本「様態」の形而上学的「現実存在」を（さらには、それらが「原因」として「現実化」することを）「顕在化させる」。存在論的分析は、これらの権威「現象」に対応する存在としての存在それ自体の構造を明らかにしなくてはならない。

しかしながら、さきに検討した四つの権威理論は、いずれも十分に正確な存在論的分析をもたないと言わざるをえない。たしかに、これらの理論はすべて存在論的水準に達してはいる（現象学的地平から出発し、形而上学的地平を経由することによって）。これらの理論はいずれも普遍的理論として構想され、そこではただ一つの権威タイプのみが権威それ自体と見なされた。だが、まさにそれゆえに、それらの存在論的分析は不完全で誤ったものにならざるをえない。(より正確にいえば、これらの理論の提唱者たちが不完全な現象学的分析しかできず、複雑な権威現象のなかに自己の一面的な存在観に対応する様相しか見なかったのは、彼らの存在論が間違っていたからである。)

神についてのスコラ学的な思弁(自己原因、実存を含む本質、三位一体の構造、「受肉」)はたしかに存在論的理論である。だが、我々に言わせれば、この理論は存在の一様相を説明するにすぎず、その一様相を誤って存在全体と見なし、まさにそのことによって存在を歪曲している。権威の問題に関するかぎり、スコラ学的存在論は父の権威の存在論的分析にとっての素材として使えるだけである。

他の三つの存在論についても同じことが言える。プラトンの存在論(一－アガトン、一と多、存在の二元的構造、等々)は、裁判官の権威の存在論的分析の出発点となりうる。それに対して、アリストテレスの存在論(不動の動者、ヌース、形相と質料、等々)は、指導者の権威分析の端緒となる。最後に、ヘーゲルの存在論(否定性、全体性、存在の弁証法的構造、等々)は、主人の権威の存在論的分析の土台として用いることができる。

これらの存在論はすべて、それらが発見した存在の個別的様相をあたかも存在全体であるかのように記述している。まさにそれゆえに、それらは修正される(補充され訂正される)必要がある。つまり、すべての(すなわち四つの)権威現象の存在論的分析をもつことによってはじめて、これまで提案されたすべての存在論がそうであったように断片的なものではもはやない、完全な存在論を作り上げることができるのである。

もちろん、いかなる現象の分析から出発しようとも、存在としての存在の構造を研究することはできる（なぜなら、あらゆる現象は世界として「現に存在する」存在を「顕在化させる」からである）。だが、権威現象はきわめて複雑であるから、権威の存在論を研究するためには様々な現象から出発するのが望ましいし、また、権威の存在論的分析は権威の存在論の概要を仕上げたあとで行うべきである。とはいえ、個々の現象は、それぞれが他の現象よりも存在の特定の様相をよりいっそう「顕在化させる」ように見える。また、権威の大きさという現象も、存在論的研究においては無視できない。実際、この存在論的研究の作業は絶え間ない往復運動のなかで行われるべきである。すなわち、（決定的であると想定された）現象学から出発して存在としての存在へと上昇するという運動の繰り返しのなかで行われるべきである。このようなやり方によってのみ、いつの日か我々は、権威の現象学、権威の形而上学、そして権威の存在論に到達することができるであろう。すなわち、真に決定的な哲学に、すなわち、絶対的に真実の哲学に到達できるであろう。

存在論的研究のプログラムについてはこのぐらいにして、次に、我々がさきに示した現象学的分析の概略と形而上学的分析の粗描からどのような演繹が可能であるかを検討してみよう。

B　演繹

我々の分析が不十分なために、演繹は不完全で欠陥の多いものにしかならない。それに、我々は現時点で可能な帰結のすべてを引き出すつもりはないし、その最も重要な帰結を引き出すつもりさえない。したがって、ここではいささか偶然に選び出されたいくつかの帰結を指摘するにとどめたい。

はじめに政治的帰結（国家それ自体）について検討し、次に道徳的帰結（個人－公民と国家の相互関係）を取り上げ、最後に心理学的帰結（個人－公民それ自体）を検討することにしよう。この演繹の三段階は、分析の三段階とちょうど逆向きに対応している。

注記。我々の演繹はすべて、政治的「領域」に関する演繹である。したがって、そこで論じられるのは政治的な道徳（「権威道徳」）と政治的な心理学（「権威心理学」）である。これと同様の演繹を、権威が顕在化する別の「領域」、すなわち宗教的その他の「領域」に関して行うことも有益であろう。

I 政治的適用

ここでは、我々の分析から導き出すことが可能なすべての政治的帰結（言葉の狭い意味での政治的帰結）のなかから権力の分割（1）の問題と権力の伝達（2）の問題に関わるものだけを取り上げたうえで、それらをごく手短に解説しよう。

＊

政治的「権力」は国家の権力であり、国家は国家を代表または体現する人物または人物たちを介してこの権力を行使する。（言葉の広い意味での）国家がなければ、（語の本来の意味での）政治的権力もない。いわゆる「民主主義」国家の場合、権力は「大衆」に帰属しているかに見える。だが、そこでも実際に権力を保持し行使するのは国家である。ただしこの場合、国家は「公民」全体によって体現されるか、もしくは代表される。とはいえ、「民主主義」国家においても、個々人が政治的権力をもつことができるのは、彼らが公民であるかぎりにおいて、すなわち国家を（集合的に）代表または体現するかぎりにおいてであり、「私人」としてではない（例えば、子供はいかなる政治的権力ももたない）。この点で、「民主主義」国家の公民たちの権力は、本質的には、寡頭制の権力や、さらには「絶対」君主や「僭主」や「独裁者」、等々の権力と異なるものではない（国家に関する特別なノートを参照せよ）*。

＊本書一〇五―一〇六頁とその注記を見よ。（編者注）

政治的権力が物理的強制力に基づく場合があることは事実である。だが原理上は、政治的権力は物理的強制力なしでも維持できるはずである。また、そのときはじめて国家の現実存在は「偶有的」でなくなるだろう。言い換えれば、そのときはじめて国家は無際限に持続しうるだろう。したがって、国家の理論は（実践の場合とは反対に）「物理的強制力」の概念とは無縁でありうる。ところで、物理的強制力に基づかない権力は権威に基づく以外にない。

注記。確かに、権威に基づく権力は物理的強制力を用いることができる。だが、権威が物理的強制力を生み出すことはあっても、物理的強制力はその定義からして政治的権威を生み出すことが決してできない。

したがって、「政治的権力」の理論とは、権威（政治的「領域」において顕在化する権威）の理論以外の何ものでもない。より正確に言えば、権威の理論を政治へと（すなわち国家へと）適用すること（理論的に）以外の何ものでもない。それゆえ、曖昧さをできるだけ避けるために、今後は「政治的権力」という語を「政治的権威」という語に置き換えることにしよう。

およそ政治的権威はすべて、定義からして国家としての国家に属する。だが、国家は「観念的な」存在であるから、それが空間的‐時間的世界のなかに現に存在することができるためには「現実の担い手」（「物質的な担い手」）を必要とする。この「担い手」は、複数の人間個体か、またはそれらの複数の集団からなる。そこから、権威の分割と伝達という問題が出てくる。

国家の「担い手」は同時に政治的権威の「担い手」でもある。つまり、政治的権威を「保持」し「行使」するのは国家の「担い手」であり、政治的権威が現実的（活動的）となるのは国家の「担い手」においてで、また国家の「担い手」によってである。この現実の政治的権威は、自律的であるか従属的であるかのどちらかである。前者のケースは国家の指導者（個人であれ集団であれ）の権威である。また、後者のケースは役人（個人であれ集団であれ）の権威であり、この役人は自己の権威を指導者の権威に基づいて行使する。

ところで、国家の権威が原理上は無際限に持続しうるとしても、その「担い手」の持続には必然的に限界がある。したがって、権威はある「担い手」から別の「担い手」へと伝達されなくてはならない。これが、本来の意味での政治的権威の伝達の問題である（2、a）。だが、これと関連してもう一つ、国家指導者の権威を役人へと伝達するという問題がある。この伝達によって、役人の従属的権威の性質や、この従属的権威と自律的権威との関係が決定される（2、b）。

国家は一つであるから、国家の権威も一つである。その反対に、国家の権威の「担い手」は個人でも集団でもありうる。そこから、複数の「担い手」の間で権威をいかに配分すべきかという問題や、この「担い手」が複数（集団）であるべきか否かという問題が生じる（1、b）。だが、国家の権威がつねにひとつであるということは、必ずしもそれが単数的であることを意味しない。国家の権威が単数的であるのは、それがただ一つの「純粋な」権威「タイプ」に帰属する場合に限られる。では、国家の権威が複数の「純粋」タイプ（場合によっては四つのタイプすべて）を併せもつ場合、これらの構成要素はすべて同じひとつの「担い手」をもつべきなのか、それとも、これらの要素を別々に（おそらくは、そのいくつかを束ねるかたちで）「現実化する」ほうがよいのだろうか。これが、本来の意味での権威の分割の（「権力分立」の）問題である。まずはこの問題から検討してみることにしよう（1、a）。

1　権威の分割

(a)　ここでは政治的権威の歴史的な研究に着手することはできないから、とりあえず「現在の」状況を簡単に分析しておこう。

注記。政治的権威の歴史、すなわち国家の歴史を通じて、ただひとつの「純粋な」権威タイプのみを実現した国家がかつて存在したように見える。偉大なギリシャ悲劇は、家族の権威、すなわち「父」タイプの権威と国家の権威との間で生じた暴力的な争いをじつに見事に描き出しているが、これらの紛争は、もともと二つの対立する国家タイプが存在していたことを示しているように見える。つまり、P↓（J、C）またはP↓（C、J）という権威タイプをもつ国家－家族または国家－クランと、言葉のより近代的な意味での国家、すなわち、M↓（C、J）やM↓（J、C）、またはC↓（J、M）やC↓（M、J）という権威タイプをもつ国家である。ギリシャ人たちが「僭主制」の政体と「自由」の政体との間に設けた区別——我々にとっては定義することも理解することも困難な区別だが——は、M↓タイプとC↓タイプとの対立以外の何ものでもないと言える。だが、ここではこれらの問題を詳しく論じる余裕はない。

中世の理論（ただし、それが完全に実現されたことは一度もない）によれば、すべての権威は神の権威に由来する。とりわけ、国家元首は神の一役人にすぎない。ところで、神は父であると同時に指導者、主人、裁判官であるから、神の権威は四つの「純粋な」権威タイプをすべて併せもつ。また、神はこれらの要素のすべてを自己の役人へと伝達する。しかも、神自身は単一の人格であるから、その権威はただ一人の役人へと伝達されることになる。したがって、この役人は四つの権威タイプすべてを併せもつ。（「最初の」役人は神によって指名される。彼の権威はこうして生まれ、次いで世襲によって伝達される。神の「最初の」役人に仕える役人たちの権威について言えば、その権威は「最初の」役人による指名によって生まれ、かつ伝達される。）ところが、この理論は神が二人の役人を指名したことによって複雑になった。その一方は必然的に個人（原理上は普遍的な教会の教皇）であるが、他方は個人（原理上は普遍的な帝国の皇帝）の場合もあれば集団（諸民族の王たち、等々）の場合もある。だが、後者をめぐる複雑な事情に起因する理論的浮動を差し引いてもなお、スコラ学的理論がこの二人の役人の関係やそれらの権威の性質を明晰かつ判明に定義できたためしは一度もないと言わなくてはならない。言い換えれば、中世は宗教的「領域」と政治的「領域」とを明確に区別することができなかった（あるいは、区別しようとしなかった）。こうした障害は、教会役人を排除する理論によって克服される。それが絶対主義の理論である。そこでは、政治的権威の起源の問題が棚上げにされる一方で、政治的権威が四つの権威タイプすべてを併せもつこと、またそれがただ一つの人格（君主）において現実化されることが明確に述べられる。次いで登場するのが「立憲的」理論である。それは、政治的権威が複数の独立した「担い手」の間で配分されるべきであると説く。こうして、「権力分立」の原理（と問題）が出現する（モンテスキューによってそれは周知のものとなる）。そして、この「権力分立」の原理（だが、それはルソーによって激しく批判されたのだった！）こそは近代「民主主義」の土台に他ならない。

この立憲的理論は、ごく最近まで政治思想を支配してきた。その内容をここで簡単に検討しておこう。

はじめに、この理論では三つの「権力」だけが区別される点に注意しよう。司法権力は明らかに裁判官の権威に対応する。また、立法権力は指導者の権威以外の何ものでもない。なぜなら、立法権力において重要なのは、「イニシアチヴ」、「プロジェクト」、未来を見据えてなされる決断だからである。執行権力に関して言えば、それは主人の権威に対応する。執行権力は、現在において行使される点でいわば「行為」そのものであるから、この権力はそれを行使する者に対して全面的な「自己犠牲」を要求する。すなわち、自己の生命さえも含むすべてを、国家、すなわち本質的に生物学的ではないものへと従属させることを要求する。言い換えれば、立憲的理論は、政治的権威からその第四の構成要素を――機械的に、かつ問答無用で――排除する。すなわち、父の権威を排除する。したがって、スコラ学の理論や絶対主義の理論が前提していた権威はここでは切り捨てられる。そして、政治的権威の解体や分裂(「分割」)は、まさしくこの切り捨てによって引き起こされるのではないかという気がしてならない。

この点は重要である。すなわち、権威の切り捨てがあること、切り捨てられたものが他ならぬ父の権威であること、この切り捨てが暗黙のうちに、すなわち無自覚のうちになされることである。父の権威は「伝統」、過去による決定、現在のなかに過去が「現実に現前すること」を意味する。したがって、父の権威の排除は明白に「革命的な」性格を帯びる。「立憲的」理論は反抗と革命の精神から生まれる。そして、立憲的理論が革命(「ブルジョワ革命」)を生み出すのは、この理論が現実化されるかぎりにおいてである。

注記。立憲的理論と、それが前提し、含意し、生み出す革命はともに「ブルジョワ的」である。ブルジョワは「平民」という自己の「卑しい」出自を忘れたいと願い、自己の「恥ずべき」過去を——無意識のうちに——否認する。そこから、父の権威を無化する無意識が生まれる。ブルジョワが自己の過去を誇り、その過去を模範とするかぎり、ブルジョワは革命的ではない。ブルジョワが革命的になるのは、貴族との対立のなかで、またその対立によってのみである。だが、まさしくこの対立によって、ブルジョワは貴族のもつ排他的な価値を承認する。なぜなら、ブルジョワはもはや貴族と共存するすべを見出さないからである。また、ブルジョワが貴族のなかに価値を見出すのは、ブルジョワが貴族の立場に身を置きたいと望むからである。したがって、ブルジョワは無意識のうちにブルジョワ的価値、すなわち自己のブルジョワ的過去を否認する。なぜなら、その過去は彼ら自身にとってはもはや「平民」の過去にすぎないからである。このときはじめてブルジョワは「立憲的」になる、すなわち権力分立を要求する。したがって、これ以降、ブルジョワにとって権力は三つしか存在しない。また、「立憲的」になることによってまさしく、ブルジョワは革命的になる、または革命的である。

だが、過去をもたない現在が人間的であるのは、すなわち歴史的または政治的であるのは、それが未来を含むかぎりにおいてのみである（さもなくば、それは禽獣の現在である）。ところで、未来は指導者の権威によって、すなわち「プロジェクト」がもつ権威によって表現される。「プロジェクト」は本質的に所与を乗り越えるものであり、この所与のなかにすでに仮想的に現前している単なる与件の帰結にすぎないのではない。したがって、「父」の権威を失った政治的権威は、それが政治的であり続けるかぎりは、必然的にとりわけ指導者の権威（C→（M、J）タイプまたはC→（J、M）タイプの権威）となる。かくして「立憲的」理論は、それが「ブルジョワ」革命として現実化されるなかで、またその現実化によって、必然的にナポレオン的「独裁」またはヒットラー的「独裁」へと至りつく。過去をもたない現在が人間的、さらには政治的であるためには、そこに必ず未来が含まれなくてはならない。だが、まさにそれゆえに、指導者－独裁者はつねに遂行途上の「革命的プロジェクト」を体現し続けなくてはならない。かくして、モンテスキュー的な「立憲的」理論の論理的帰結はトロツキー的な「恒久革命」の理論である。

一八四八年（フランス）の出来事に関する注記。一七八九年から一九四〇年までの間は「ブルジョワの」時代として象徴的に位置づけられる。すなわち、一七八九—一八四八年は「ブルジョワ革命」の時代であり、一八四八—一九四〇年は「ブルジョワ支配」の時代である。「革命の」時代には、ブルジョワジーは過去に背を向け、未来に目を向ける。だが同時に、未来に足場を置くことによって、ブルジョワジーは現在を過去の側からも乗り越えることができた。つまり、「アンシャン・レジーム」という直接の過去を否定することによって、ブルジョワジーは同時に「歴史的」過去による決定をも受け入れることができたのである——あるいは、受け入れることができたはずだし、またそうせざるをえなかったはずである。だが、一八四八年には、未来は別の「階級」によって要求される。より正確には、未来は一七八九年の場合とは別の「革命的プロジェクト」のかたちをとって現在へと介入する。一七八九年の「プロジェクト」によって政治的権威となったブルジョワジーは、一八四八年の「プロジェクト」とその戦闘を拒絶する。こうしてブルジョワジーは、この運命的な出来事を境に、単に過去に対してのみならず未来に対しても背を向ける。つまり、ブルジョワジーは現在のなかに閉じこもるのである。こうしてはじめて、ブルジョワジーは現実に現前する。つまり、一八四八年を境にようやく、ブルジョワジーは真にブルジョワジーとなる。すなわち、ブルジョワ以外のすべてと対立する純然たるブルジョワジーになるのである。「ブルジョワ的精神」は一八四八年に誕生する。と同時に、未来が否定されることによって、いかなる過去との絆も完全に断ち切られる。現在のみが現実的であり、ブルジョワジーがブルジョワジーとして現実化される。それがブルジョワ支配の時代である。だが、およそ未来も過去ももたない現在は「自然的」現在にすぎず、それは人間的でも歴史的でも政治的でもない。したがって、ブルジョワジーの支配は政治的現実そのものの漸次的消滅、すなわち国家の権力または権威の漸次的消滅でしかない。そこでの生活は動物的様相によって、すなわち食物摂取と性の諸問題によって支配される。人間性は、現在のもつ超越性が過去または未来に支えられてわずかでも残るかぎりは、なお維持される。だが、現在に含まれる過去と未来はもはや積極的な価値をもたず、それらはもはや「活動状態」にない。つまり、それらは「仮想的」、「観念的」または「理念的」に現前するのみである。すなわち、純粋に「美的」または「芸術的」に現前するのみである。伝統は「ロマン主義」というかたちでかろうじて生き長らえ、大革命は「未来派」というかたちでなんとか命脈を保つ。「古典主義的な」現在は、それが本来もつべき現実の行為をもたないがゆえに存続できない。だから、ブルジョワ的な「古典主義」はありえない。

伝統に関する注記。本来の意味での伝統、すなわち政治的な価値と現実をもつ伝統はすべて、必然的に口承的または見世物的、すなわち直接的である。文字で書かれたものは、本性上、その物質的な担い手から――それを時間のなかに固定する作者から――切り離されている。文書によってのみ提示される過去は、私にとっては私の過去ではない。つまり、私はそれに対していともたやすく「無関心になる」。書物のなかで語られる自国の過去は、例えば中国の過去とさして違わない。私は、あらゆる文書をとかく同列に扱いがちであるし、また、そこで語られる理論をあたかも時間の外で考え出されたもののように見なしがちである。こうしてみると、一八四八年の出来事が過去との政治的絆を破壊したことは、とりわけ口頭伝承にとって致命的であったといえる。ブルジョワ支配の時代に欠けているのは、まさしくこの口頭伝承に他ならない。

また、父の権威は村落に深く根を下ろしているが、都市は逆に父の権威を「承認」しない傾向をもつ、すなわち、父の権威を破壊する傾向をもつと言える。村落は「持続」を生きるが、都市は「時間を過ぎ去らせる」。ところで、持続、すなわち、単なる「瞬間」ではない時間の全体性は、必然的に過去を含んでいる。つまり、逃れ行く「瞬間」が持続し、現に存在するのは、過去において、また過去によってである。その反対に、時間の経過、時間の流れは、未来の圧力によって引き起こされる。つまり、現在が「活動的」であり、「苛烈」であり、「現実的」であるのは、その発生状態においてである。都市は瞬間的現在を「現実化する」未来を想起することによって過去を忘却する傾向をもつが、村落は現在を過去へと投影することによって（季節の回帰、等々）現在の持続を生きる。言い換えれば、村落がもともと父の権威を承認する傾向性をもつのに対して、都市は指導者の権威を承認する傾向をもつ。指導者の権威は父の要素と両立せず、父の要素と対立する。だから、父の権威を失った（その結果、分割された）「権力」に関する「立憲的」理論とその政治的な現実化は、ともに村落に対する都市のヘゲモニーを含み、かつ前提している。要するに、それは本質的に都会的な理論であり、都会的な現実である。

注記。してみると、一七八九年の出来事は村落の政治的破壊の開始であり、一八四八年の出来事はその仕上げだったといえるかもしれない。もっとも、我々のこうした分析結果が歴史の現実とうまく整合しないのはたしかである。にもかかわらず、この演繹は正しいと思われる。この問題のすべてをより詳しく研究しなくてはならない。

切断を被った政治的権威、すなわち「父」の要素を奪われた政治的権威はどのようなものになるだろうか。

政治的権威の外部に放逐された父の権威がなお維持されるとすれば、その拠り所は家族ということになるだろう。この「権威的」家族は定義からして国家（父の権威をもたない国家）と対立する。ここにあるのは、家族と国家の古代的な（異教的な）争いのケース（ソフォクレスの『アンティゴネ』を参照せよ）である。この争いは本質的であるがゆえに、遅かれ早かれどちらか一方の当事者の破壊にまで行き着かざるをえない。

注記。実際、この争いで負けるのは家族である。我々はその「現象学的」かつ「形而上学的」な理由を指摘することができる。

その反対に、父の権威が完全に消滅する場合には、国家はもはや父の権威を考慮しなくてよいのだから（「立憲的」な理論と現実においては、多かれ少なかれそのとおりである）、そこでは以下の三つの可能性が考えられる。また、その各々には二つのヴァリアントがある。すなわち、

C→（M、J）または（J、M）
M→（C、J）または（J、C）
J→（M、C）または（C、M）
（政治的権威が「父」以外の要素も剝奪される場合は除く）。

C→（—）のケースは、政治的権威が明白かつ自覚的に革命的であること、すなわち、本質的に新しい未来の「プロジェクト」によって支配されていること、さらには、この「プロジェクト」が未来に足場を置くことによって過去および現在と対立することを意味する。C→（M、J）のヴァ

リアントは「ボルシェヴィキ」タイプ（レーニン）であり、C↓（J、M）のヴァリアントは「メンシェヴィキ」または「社会民主的」タイプ（それが完全に実現されることは決してない）である。その反対に、M↓（—）のケースは現在の優位、行為と「生命の危険」の優位を意味する。要するに、それは本質的に軍事的な権威である。M↓（C、J）のヴァリアントは、ある程度までは、ゲルマン的またはヒットラー的な「帝国主義」（ただし、そこに含まれる父の権威の要素は、他の三つの要素と真に調和することはない）に対応している。また、M↓（J、C）のヴァリアントは——実際にはもっと複雑な現実をいささか単純化して言えば——アングロ・サクソン的な、ひいては「ブルジョワ的」な「帝国主義」に対応する。

ところで、C↓（—）のケースは、定義からして「恒久革命」を意味する。すなわち、本質的に不安定で、真に無際限な持続をもたない国家を意味する。M↓（—）のケースについていえば、これもやはり安定した政治形態とは言えない。すなわち、決定的な政治形態とは言えない。なぜなら、（およそ戦争行為に伴う危険の数々を別にしても）大地の丸さそのものがすでに軍事的可能性にとって障害となるからである。したがって、国家の理論は、（単なる実践の場合とは反対に）これら二つの可能性を斥けなくてはならない。

残るは三つ目の可能性、すなわちJ↓（—）のケースである。政治的権威のこの形態は、正義の「永遠的な」原理に基礎を置いている。だから、それは安定的で決定的であるように見える。すなわち、理論上も何ら問題ないように見える。だが、それはしょせん幻想にすぎない。政治的権威が過去をもたないかぎり、その「時間的」要素（もはや二つの様態しかない）はもはやその「永遠的」要素と両立できない。したがって、主人（現在）の権威と指導者（未来）の権威は必然的に裁判官（永遠）の権威と対立する。ところで、時間と対立する永遠、より正確には、時間から切り離された永遠が、もはやいかなる現実性ももたないとすれば、指導者の権威と主人の権威から切り離された正義もまた、あらゆる現実的権威を失う。だから、正義は自己の現実性を、指導者の権威か主人の権威のどちらか一方から引き出さなくてはならない。だが、その場合は正義は指導者か主人に「屈服」するのだから、これではC↓やM↓のケースと変わらないことになる。したがって、正義がその優越的な孤立を維持するためには、厳密な意味での国家とは別の政治的現実に依拠する必要がある。だが、そもそも政治的な現実は国家それ自体とは別である――「階級」と呼ばれるものがこれにあたる（家族は父の権威の担い手になりうるが、裁判官の権威の担い手にはなれない）。したがって、この場合の正義は必然的にマルクスが「階級の正義」と呼んだものになるだろう。つまり、J↓タイプの国家は本質的に「ブルジョワ的」であるだろう。なぜなら、この国家は実際にブルジョワ「階級」によって吸収されるからである。したがって、ブルジョワ支配の時代に特有の政治的権威はJ↓タイプである。また、J↓（M、C）のヴァリアントはブルジョワ的「保守主義」（例えばトーリー党）に相当し、J↓（C、M）のヴァリアントは「リベラリズム」または「急進主義」（例えば「急進社会主義者」）に相当する。ところで、ひとつの「階級」は階級の全てではないのだから、それは定義からして別の「階級」と対立する。したがって、J↓タイプの国家は必然的に争いを含み、争いを生み出す。つまり、この国家は安定的でもなければ決定的でもない。だから、真の政治理論はこれを斥けなくてはならない。

注記。保守政党の権力をリベラル派－急進派の政党に置き換えることは、明らかに単なる権威の移転以上のことを意味する。すなわち、権威の「担い手」の変化以上のことを意味する。それは、(政党がその綱領を真に実現するかぎりにおいて) 権威の性質そのものの変化であり、したがって、国家の性質そのものの変化である。とはいえ、ここにあるのは同一タイプのなかでの変化にすぎない。また、J↓(M、C) からJ↓(C、M) への変化やその逆の変化は、長期的には政治構造そのものを揺るがすかもしれないが、他方では、そこに力学的な均衡状態や一種の振り子運動を想定することもできる。だが、J↓からM↓またはC↓への移行は、タイプそのものの変化を意味する。つまり、この変化は「革命」の性格を帯びる。永遠は時間の全体性に他ならないが、それがとりわけ現在の様態に対応する(永遠は「今ある」という様相を帯びる) ことを考えると、J↓タイプからM↓タイプへの移行よりもむしろJ↓からC↓への移行の方が「革命的」であるといえる。未来 (未来それ自体) は永遠の否定であるから、この未来 (未来それ自体) を現実化することは、現在のなかにある永遠の要素を破壊することに等しい。言い換えれば、J↓タイプは、C↓タイプのうちのC↓(M、J) というヴァリアントにしか変換できず、C↓(J、M) のヴァリアントには変換できない。このことは実際、J＋をC＋に変換する革命が必然的に血なまぐさいものであり、そこには生命の危険 (権威M) が現実に伴うということを意味する。したがって原理上、C↓(J、M) のヴァリアントはJ↓

タイプからは実現できない。つまり、C↓（J、…）というかたちの政治的権威は、これと対立する権威Mを首尾よく取り込むことができない。つまり、C↓タイプはM↓タイプに取って代わられる。

したがって、父の権威を破壊することは、政治的権威一般にとって致命的である。また、この破壊は必然的に、「裁判官」の要素が「主人」や「指導者」の要素と対立する事態、すなわち、まさにここで議論されている「権力分立」を引き起こす。

注記。政治的権威の三分割を手放すことなしに、どこまでこの弊害に対処しうるか。これを検討してみよう。問題は、そこに再び父の権威を導入する一方で、それが独自の「権力」となることをいかに阻止するかである。したがって、父の権威を、三つの「権力」のうちの一つまたは二つ、あるいは三つすべてに結びつける必要がある。権威が現に存在するのは、それが「承認」されているかぎりにおいてのみである。つまり、「承認」されているかぎり、権威は現に存在する。したがって、M、CまたはJといった「純粋な」権威が、M、PやC、PやJ、Pといった「複合的な」権威になるためには、指導者、主人または裁判官が父の権威をもつことが、これらの権威を被る者たちによって「承認」されるだけでよい。つまり、政治的権威を被る者たち、すなわち公民たち（国家元首とその役人たちを除く）が、「父」の権威を、彼らが「承認」するすべての権威におのずと結びつけるようになるだけでよい。それは、政治的権威が孤立した個人ではなく、家長によって代表される家族と結びついている場合であろう。したがって、ひとが公民であるのは、彼が「家長」――より正確には「家族の父」――である場合にかぎられる。（だが――「古代的」な紛争を回避するためには――彼は「家族の父」としては公民でしかありえない。彼が「家族の父」としてなすべきことは、政治的権威を「承認」することであって、この権威に「家族的」権威を対抗させることではない。したがって、一方のPと他方のC、M、Jという対立する二つの権威が存在するのではなくて、C＋P、M、Jや、C＋P、M＋P、J、等々といった、ただ一つの権威――政治的権威――が存在するだけである。）だが、そもそも家族や「家族の父」とはいったい何か（家族に関するノートを参照せよ）*。それは、明らかにカップルそのもののことではないし、配偶者のことでもない。たとえ、そのカップルが人間的なカップルであって動物的なそれではないとしても、すなわち、それが「愛」に基づいているとしても、それ自体としては政治的な実体を構成しない。だが、子供が一人、二人、場合によっては「たくさん」いたところで、それがそのまま政治的実体としての家族になるわけでもない。子供をつくることは純粋に生物学的、動物的活動であり、この事実は子供の数にかかわらず不変である。家族それ自体はあくまでも人類固有の一実体にすぎず、それが「公民」としての政治的実体になるのは、すなわち、政治的権威――国家――を「承認」することができる政治的実体になるのは、それが(1)子供を養育する（すなわち、新たに誕生した動物を人間的存在に変える）かぎりにおいて、また、(2)「財産」と呼ばれる成果を生み出し、かつそれを維持するために共同で労働するかぎりにおいてのみである。したがって、国家が家族から子供を養育する権利と義務を取り上げてしまえば、家族の政治的本質の唯一の現実的土台は財産ということになる。この財産は集団としての家族に帰属しており、家族はこの財産という単位からのみ自己の現実的な政治的「個体性」（集団的個体性）を引き出す。したがって、財産は本質的に不可分であり譲渡不可能である。つまり、それは必然的に「不動産」、「土地」である。それは「家族の父」によって「統治」され、「家族の父」は財産の「統治者」としてのみ公民たりうる。したがって、我々が冒頭で掲げた問題を解決するためには、以上のように定義された「家族の父たち」が公民集団を形成することが必要であり、またそれだけで十分である。また、国家のなかに「家族の父たち（個人または集団）」以外の公民が含まれる場合でも、父の政治的権威の源泉となりうるのはこの「家族の父たち」だけである。だからこそ、彼ら自身（またはその「代理人たち」）は他の公民たちに対して権威をもつことができるのである。この権威は当然ながら父のタイプであり、政治的な価値をもつ。言い換えれば、「家族の父たち」（またはその「代理人たち」）は政治的権威にとって不可欠の要素であり、そこで父の権威の「純粋」タイプを体現する（たとえば、「元老院」というかたちでローマの「監察官」の役割を演じる）。要するに、包括的な政治的権威は、事実上も形式上も、もはや三つではなく四つの要素（「権力」）から成る。したがって――このことを認めたうえでなお――政治的権威（「権力」）の分割の原理やその三分割の原理を維持しようとすれば、たとえば（C＋M、J、P）、等々、のような唯一の「複合」タイプを、他の三つの「純粋な」権威タイプのどれか（ひとつ）に分類しなくてはならないことになる。

＊この問題については、前掲書『粗描』の四八三頁以下〔邦訳五六四頁以下〕におけるいくつかの議論を参照せよ。（編者注）

父の権威を完全に排除することを前提とした場合に、政治的権威を構成する残りの三つのタイプの分割または分離について何が言えるか見てみよう。すでに見たように、父の要素を排除した場合、裁判官の要素は必然的に指導者および主人の要素と対立する。したがって、司法権力を他の二つの「権力」から切り離すことは「自然な」プロセスである。「権力分立」という考え方がはじめて登場した（その登場は中世にまでさかのぼる。『マグナ・カルタ・リベルタティス』を参照せよ）のは、独立した「司法権力」の要求によってであった点に注意しよう。また、この「分離」はきわめて正当であるように見える。我々は今日、それを当たり前のように政治的「公理」と見なしている。

たしかに、政治的権威の全体を構成する他の諸権威から裁判官の権威を分離することは、「権威」現象の分析によってある程度までは正当化できる。永遠が時間と対立するように、裁判官の権威はその本質からして他の三つの権威と対立する。また、裁判官の権威は他のすべての「権威」によって「承認」されるはずなのだから、裁判官の権威の「担い手」が他の諸権威の一つまたは複数の「担い手」とは区別される独自のものであるのは当たり前であるように見える。

だが、すでに見たように、政治的権威の全体から切り離された裁判官の権威は孤立化し、その結果、それは特殊化する。と同時に、その土台である「正義」もまた「階級」の正義へと転化する。

注記。このマルクス主義的解釈が引き起こした論争の激しさそのものが、この解釈の正しさを示すひとつの証拠である。

政治的権威の構成要素の一つが特殊化することは、それが政治的権威を不安定化し「一時的な」ものにするという意味で政治的権威を弱体化させる。したがって、政治的権威の理論は司法権力の分離という原理を斥けるべきであるように見える。

我々がここで直面しているのは政治理論の（「カント的」）アンチノミーである。だが、そこには本質的に異なる実体同士が混同されている可能性がある。つまり、「政治的」正義（国家元首とその役人たちを公民としての公民として裁く正義）と「私的」正義（個人としての人間、または家族や「社会」のメンバーとしての人間を裁く正義。すなわち、民法および刑法）との混同である。（法に関するノートを見よ）* 政治的権威の理論から見れば、「私的」正義、その権威およびその「担い手」を政治的権威から切り離さなくてはならないとする見解には何の必然性もない。だが、「私的」正義を不可分一体の政治的権威の一部と考えれば、この正義が「階級的」正義に堕落することや、その堕落に伴うあらゆる政治的な不都合さは回避できる。その反対に、「政治的」正義は、その「裁き」の対象となる権威に対して対抗関係に置かれるべきであり、したがって、他とは一線を画す独自の「担い手」をもつのが自然である。

＊前掲書『粗描』の四二〇頁以下〔邦訳四九三頁以下〕を見よ。

注記。問題は結局、何がこの「政治的」正義の担い手となるべきかである。いちばん理想的なのは、裁判官の権威が（選挙、例えば普通選挙による「顕在化」を通じて）自然発生的に生成することであろう。だが実際には、国家元首を含むすべての他者を公民として裁くにふさわしいと認められる人物（個人であれ集団であれ）が現れることはほとんどありそうにない。したがって、こうした人物は、身分を問わずすべての公民のなかからクジ引きによって選抜するのが望ましい。この裁判官、ないし政治法廷は、裁判官の（政治的な）権威の全体性を体現しなくてはならないし、また、他の諸権威から切り離されたうえで自己の独立を保たなくてはならない。つまり、彼は判断を下す際に、自己自身によって与えられた「法律」以外の「法律」によって導かれてはならない。とくに、彼は憲法に依拠して判断してはならない。なぜならこの場合、彼は「立法権力」（憲法を修正できるのはこの権力である）の権威を承認することになり、したがって、彼自身はもはや「立法権力」から「分離」していないことになるからである。（そうなればもはや、彼を自律的「権力」と見なす意味はないであろう。）事態がしばしばこうした経緯をたどることは歴史的経験によって確かめられる。国民公会がルイ十六世に対して下した判決は、異論の余地なく政治的な——肯定的であれ否定的であれ——価値をもっていた。国家元首や高官たちを「司法的な」法廷によって裁く試みは、いつも嘆かわしいまでに失敗してきた。一九一七年のロシアでもそうであったし、一九四二年のリオンにおいてもそうである。

全体的な政治的権威が三つの要素しかもたない（父の要素をもたない）と仮定した場合、（政治的な）裁判官の要素が指導者および主人の要素から「切り離される」べきなのは明らかである。では、指導者の要素と主人の要素もまた、「立憲的」理論の要求に従って互いに分離すべきなのだろうか。ところで、この「立憲的」要求を拒否するという点では、理論も実践も、そして単なる良識もすべて一致している。もし仮に立法的「権力」と執行的「権力」が本当に分離されたならば、そのときは、何もなしえないがすべてを予見すると見なされる「権力」と、何も予見しないがすべてをなしうると見なされる「権力」とが並び立つことになるだろう。また、この両者の間で争いが生じた場合（「分離」は争いの可能性があるところでしか意味をもたない）、立法的「権力」は執行的「権力」によってただちに押しつぶされ、国家はそのままのかたちでは維持できなくなるだろう。

注記。それゆえ、「諸権力」が互いに分離された国家においては、立法的「権力」は執行的「権力」を弱体化させ、さらには無化しようとする傾向があり、執行的「権力」のほうは逆に立法的「権力」を骨抜きにしようと――ただし、それほど「熱心」にではない。なぜなら、執行的権力は実際に現実の権力をもっているからである――画策する。したがって、この二つの「権力」を分離することは、そのどちらか一方が他方を「取り込む」ことで複合的「権力」になる場合、すなわち非「分離」の「権力」となる場合を除けば、一般にはどちらか一方の排除に行き着く。すなわち、政治的権威の新たな切断をもたらす。

立法的「権力」は――それが純粋な物理的強制力でないかぎりは――指導者の権威以外の何もの

でもない。それは、形而上学的に言えば、未来の現実存在の「権威的」様相を体現する。それに対して、執行的「権力」は、主人の権威を現実化することによって現在を体現する。ところで、現在から切り離された未来は、およそ形而上学的な「実質」をもたない純粋な抽象である。このことは、人間的、政治的な実存の地平では、主人の権威と隔絶した指導者の権威が「ユートピア的な」性格を帯びるという事実として現れる。つまり、執行から切り離された立法は、現在（すなわち現実）との接点をおよそもたない「ユートピア」を構想する。その結果、この「ユートピア」は現実化される（すなわち現在のなかで維持される）に至らず、この「ユートピア」の崩壊とともに、それを生み出した権威自身もまた消滅する。したがって、現在から「切り離された」国家それ自体もともに崩壊する。現在について言えば、それは未来との接点をもたないかぎり「非人間化」する。このことは——政治的には——未来から「切り離された」執行「権力」が、単なる「行政」または「警察」（「政府‐憲兵」）に堕落することを意味する。つまり、それは純粋な「技術」となる。それは、「存在する」もの、すなわち「むき出しの」所与にしか関心をもたない。ところで、「むき出しの所与」とは、諸々の物理的強制力が現前している状態以外の何ものでもない。つまり、未来から切り離された執行「権力」の行為は物理的強制力に基づいている。こうして、執行権力は、マルクス主義者たちが言うように、階級の「行政」または階級の「警察」になる。すなわち、それは主人の政治的権威を喪失する。したがって、「切り離された」国家は、国家としては無化される。一方では、他の諸権威から「切り離された」、すなわち独自の「担い手」をもつとみなされる主人の権威（執行権力）はまったく存在しなくなる。他方では、まさにそれゆえに、指導者の権威（立法権力）はユートピアのなかで消滅する。したがって、立法「権力」と執行「権力」の分離は、最終的には主人の権威と指導者の権威の廃棄に行き着く。政治的権威（父の権威はあらかじめ排除されている）、すなわち国家の権威は、こうして純然たる裁判官の権威に還元される。だが、こうした条件のもとで、本来の意味での国家がなお存続する余地は果たしてどれほど残されているのだろうか。

注記。主人の権威と指導者の権威から成る全体を「政府の権威」と呼ぶならば、政治的権威が裁判官の権威に還元される国家においては、政府は存在しないか、または、この国家の政府はもはやいかなる権威ももたず、もはや純粋な物理的強制力しかもたないといえる。では、残る司法的権威はどうかと言えば、それはもはや政治的ではありえない。すなわち、国家によって体現される他の諸権威を裁きの対象とすることはもはやできない。なぜなら、それらはもはや存在しないからである。こうして、司法的権威は「私的な」——民事的、刑事的な——司法的権威になる。したがって、本来の意味での国家や公民はもはや存在しない。そこにあるのは、互いに孤立した諸個人（「諸私人」）から成る「社会」である。これら諸個人は相互に権利と義務を負い、これらの権利と義務は（「私的な」）司法的権威によって規定される。また、そこでの政府とは、司法的権威が下した判決を現実化する役目を果たす物理的強制力以外の何ものでもない。

「国家」という語は、「政府」と呼ばれる独自の要素をもつ社会のみに適用すべきである。「政府」

とは、指導者の権威と主人の権威を併せもつ権威の担い手のことである。政治的権威とは定義からして国家の権威のことであるから、それは必然的に政府の権威の要素を含む（また、それ以外の権威を含むこともできるし、おそらく含むはずである）。また、我々の分析が示すように、指導者の権威と主人の権威とを切り離した状態で、すなわち、これら二つが互いに真に独立した「担い手」をもつかぎり、政府の権威を維持することはできない。したがって、たとえ父の権威を政治的権威から排除し、裁判官の権威に独立した「担い手」をあてがう場合でも、指導者の権威と主人の権威はやはり一体的でなくてはならない。要するに、父の要素をもたない政治的権威は、二つにしか分割できない。

ただし、この二分割に関して注意すべき点は、政府の権威が指導者の要素と主人の要素の両方を現実に含むということである。さもなければ、さきに見たように、政府の権威は弱体化し消滅する。さらに、この権威の崩壊とともに、国家それ自体もまた国家としては崩壊する。

注記一。政府の権威は、M、CタイプであるかC、Mタイプであるかのどちらかである。前者のケースでは、主人の権威が指導者の権威を「取り込む」、または「生み出す」。だから、主人の権威が「第一次的」であり、指導者の権威は「派生的」である。後者のケースでは、これと逆のことが生じている。この二つの事例を分析する必要があるが、ここでその分析を行うことはできない。

注記二。指導者の権威は「プロジェクト」の権威である。あるいは、こう言ってよければ、「プログラム」の権威である。したがって、この権威が自然発生的に生成するのは、この権威の「担い手」たらんとする人物——個人であれ集団であれ——が「プログラム」を提案する際である。この生成は、「承認」行為のなかで、また「承認」行為によって実現する。この「承認」行為は、投票によって顕在化することができる。したがって、指導者が指導者としての権威をもつことを事後的に確認する集会のようなものがあってもおかしくない。ただし、この集会にできることといえば、この人物に対して、すなわち指導者の権威の「担い手」に対して、ただ単に賛成票を投じることだけである。そのうえで、集会はこの人物に対して、その活動、すなわち権威行使に関する白紙委任状を与えることになる。したがって、この集会は、政府的「権力」とは別の、政府的「権力」に対抗する「権力」などではない。この集会は政府の一部であり、政府の権威を単に外部に露呈させるにすぎない。したがって、理論上は、政府がこの集会のメンバーを指名することを妨げるものは何もない。指導者の権威が（自然発生的ではなく）伝達される権威であるかぎり、指名はどうしても必要である。現実の権威、すなわち「承認された」権威をもつ国家元首（個人であれ集団であれ）は、自らの「協力者たち」（つまり、役人としての性格をもつ政府メンバー）を指名し、また自らの「後継者」を指名することができる。こうして権威は「被指名者」へと移されるが、この移転に上記の集会が干渉することはない。国家元首の役人と国家元首の後継者の権威は、この集会に従属しない。だが、集会はこの権威の「担い手」を裁くことができる。すなわち、国家元首の指名によって伝達される権威を、誰か別の具体的人物（個人または集団）が実際に「体現している」という事実を、投票によって顕在化させることができる。つまり、この集会は、政府が指示した（指名した）候補者たちの是非に関して自らの態度を明らかにしなくてはならない。だが、そこで問題となるのは人物判断、より正確には、ある人物が特定の権威の「担い手」としてふさわしいかどうかに関する判断なのだから、集会が態度を明確にするのは、指名の現場においてではなく、被指名者がその権限を行使し始めた時点からある程度（例えば半年か一年）時が経過してからのほうがよい。

主人の権威に関して言えば、それは生命の危険——少なくとも仮想的な危険——が存在しないところではリアリティをもたない。だから、国家または政府を崩壊に導くような、またその結果、国家または政府を体現する人物を死に至らしめるような戦争や革命がないところでは、国家元首と政府メンバーたちのために「死の危険」を人為的に創り出す必要がある。（こうした死の危険が国家元首たる人物や政府メンバーたちにとって現に存在することは、理論のうえでもまさしく不可欠である。とはいえ、この危険が国家自身や政府としての政府にとっても同様に致命的であるわけではない。つまり、この危険は、戦争、革命、クーデター、等々のかたちで現れる危険とは異なる。）実際、この危険は、しばしば指導者の権威をめぐる候補者同士の死を賭した闘争として現れる（ロベスピエールの恐怖政治、モスクワの「裁判」、ドイツにおける六月二十二日の出来事、等々を参照せよ）[*]。だが理論上は、この危険は、政府の権威から切り離された、すなわち独立した「担い手」をもつ権威（司法的権威）の存在を前提とした上で創り出されるのが望ましい。例えば、我々がさきに言及した政治法廷がそれにあたる。指導者（立法者）は、この法廷によって死刑に処せられる可能性をもつがゆえに、主人の（執行的）権威をも同時にもつことができる。（したがって、この法廷は立法から「ユートピズム」の危険を除去するはずである。）ただしそのためには、この法廷はただ二つの判決しか下してはならない。すなわち、顕彰か死刑である。「支配〔主人であること〕」が存在するためには、死刑の危険が存在しなくてはならない。単なる無罪放免は、ここでは何の意味ももたないように見える。無罪放免は、単に（「悪意」をもたない）指導者の無能さを意味するだけであろう。あるいは、この場合であれば、指導者は単にその権威を喪失したという事実によって排除されるべきであり、法廷がそこに介入する必要はない。こうした介入が必要になるのは、「反‐教皇」が存在する場合だけである。ところで、この「反‐教皇」、すなわち、自らもまた権威をもちながら指導者に敵対する者は、政治犯でしかありえず、したがって、その免罪は問題にならない。〔言い換えれば、この法廷は、「反‐教皇」を「承認する」か、すなわち、「政治革命」を是認することで「反‐教皇」を「英雄」と見なすか、または、この「反‐教皇」の権威を本質的に死刑に値する「大逆罪」と見なすか、そのどちらかでなくてはならない。〕いつの時代でも、政治的犯罪は他の犯罪よりもはるかに厳しく処罰されてきた。ニコライ二世の退廃した国家においてさえ同様である。近代「民主主義」が政治的寛容に向かうという事実は、単にそれが「政治的なもの」一般のもつあらゆる意味を失ったことの現れにすぎない。

＊一九四一年六月二十二日、ドイツがソ連攻撃を開始した日。〔編者注〕

父の権威を失った政治的権威は、こうして二つに分割されることになる。すなわち、〔政治的な〕司法的権威と、〔主人‐執行者を兼ねた指導者‐立法者の、または、指導者‐立法者を兼ねた主人‐執行者のもつ〕政府の権威である。だが、すでに見たように、父の権威は政治的権威のなかに再び導入されなくてはならない。このことは、公民を「家族の父」だけに限定することが不可能な（または望めない）場合には、政府の権威と裁判官の権威から切り離された、すなわち独自の「担い手」をもつ父の権威を新たに創り出すことを意味する。こうして、我々は政治的権威の三分割に逆戻りする。ただし、ここでの三分割は「立憲的」理論が唱える三分割とは異なる。政治的権威（国家の権威）は以下のように分割される。(1)（父の）純粋な権威。その担い手は、「家族の父」の「代表者」たちから成る元老院－監察官である。(2) 政府の権威。すなわち、指導者－主人または主人－指導者の「複合的」な権威。その担い手は、(a) 国家元首（個人または集団）、(b) 役人たち、(c)（指名または「選出」に基づく）「示威〔権威を顕在化させる〕」集会である。(3) 裁判官の（純粋な）権威。その担い手は、（クジ引きによって募集された）政治法廷である。国家とは、この三つの権威からなる現実に他ならない。

だが、そもそも政治理論一般において、「権力」分立ないし政治的権威の分離が何らかのかたちで要求もしくは禁止されているというのは本当だろうか。もっとも、この問題はきわめて複雑である。

一方で、あらゆる権威が全体的になる傾向性をもつことは疑いない。つまり、あるタイプの権威は別のタイプの権威を吸収する傾向性をもつ。他方で、権威の形而上学的構造は権威の分割に抵抗する。時間の三つの様態は本性上、一体であり、永遠が現実的であるのは、時間との結びつきにおいて、また時間との結びつきによってのみである。したがって、「権威」現象の分析は、政治的権威のあらゆる分割、あらゆる「権力分立」を禁じているように見える。また、「立憲的」な理論や実践に対抗するいわゆる実践的な議論（例えばルソー）があまた存在することは、いまさら強調するまでもない。一般に、ある実体が分割されると、その実体は弱体化するように見える。つまり、分離された諸部分の力の総計は、それらが一体であったときの力よりも小さい。実際、分割が現実的である（分割がそもそも「意味」や存在「理由」をもつ）のは、分離された諸部分が互いに争う可能性がある場合にかぎられる。ところで、争いは、（たとえ「潜在的」なものであろうと）争いに加わる諸勢力の一部を必然的に「中和する」はずであるから、この「失われた」部分は、分離された個々の部分の総計としての力から差し引かざるをえないように見える。だとすれば、政治的権威は、全体として同じ一つの「担い手」（個人または集団）をもつのがやはり望ましいといえよう。

だが、権力分立のテーゼを支持する議論――いわゆる実践的な議論――も同じくらい説得力がある。ちなみに、こちらの議論もよく知られているから、ここでわざわざ繰り返すまでもない。ただし、形而上学的分析そのものは、ある意味では、権力分立のテーゼの論拠として用いることができる。実際、時間の三つの様態が一体であることが確かだとすれば、同様に、この三つの様態の分離なくしては、すなわち、これらの間に一種の「緊張」や「対立」が生じることなしには、時間そのものがありえないということも確かである。また、時間の三つの様態の全体性である永遠が時間と一体であるとしても、この永遠は他方で、全体性（全体）が部分の総計とは区別されるかぎりにおいて、時間と対立する。ただし、これら二つのケースでは、対立は、または分離はと言ってもよいが、分離されたもの同士の、または対立するもの同士の孤立化を意味しない。そこには相互–作用がある。すなわち、そこにはまず分離がある。なぜなら、ここには二つの（または複数の）作用主体が存在するからである。だが、そこには結合もある。なぜなら、ここでは、ある主体が別の一つまたは複数の主体に対して及ぼす作用が存在するが、この作用は反作用と一体だからである。

したがって、ここでの問題に即していえば、政治的権威を一体的に構成する諸権威をあえて分離する場合でも、これらを互いに孤立させてはならない。つまり、それらは互いに没交渉的であってはならない。それらは、互いに作用と反作用を及ぼし合うことができなくてはならない。つまり、静的な分割を乗り越えて互いに動的な結合を維持しなくてはならない。（例えば、指導者の権威——立法的権威——と裁判官の権威——政治的な司法的権威——とを分離する場合、この裁判官の権威は、原理的には不変の法の体系によって、あるいは改変不可能と見なされる憲法によって拘束されてはならない。また逆に、「無責任な」——例えば君主の権威のような——指導者の権威、すなわち、裁判官の権威を免れている、等々、といった指導者の権威を認めてはならない。）

だが、諸権威の「孤立的な」分離というテーゼを斥けるべきだとすれば、そもそも分離の原理そのものを維持すべき理由はいったい何か。

この問いに答えるために、通常は見過ごされがちな次の点に着目しよう。同じ一つの「担い手」（個人であれ集団であれ）が複数の「純粋な」権威タイプの担い手となる場合、そこではつねに、これらのタイプの一つ（「支配的」または「第一次的」なタイプ）が他のタイプを犠牲にして成長する傾向がみられる。つまり、「派生的」なタイプは十分な発達を遂げるに至らず、萌芽的な段階にとどまる。したがって、四つの「純粋な」権威タイプすべてが真に完全なかたちで現実化されるためには、その各々が独自の「担い手」をもつこと、すなわち「権力分立」が必要である。

注記。このことは、指導者の権威や主人の権威についても言える。ただし、この二つは分割できない。とはいえ、そこに何ら政治的な不都合はない。なぜなら、政治の進歩とともに、主人の権威はいずれ指導者の権威に場所を明け渡す、つまり「堕落する」ことは明らかだからである。さらに、未来の「理想的な」国家では、主人の権威は完全に消滅せざるをえないように見える。主人の権威は一般に、戦争や血なまぐさい革命の現実的な可能性を前提している。したがって、これらの戦争や革命の消滅とともに主人の権威もまた消滅する。

歴史の進化は、政治的「権力」の統一から「諸権力」の分離へと向かう。ところで、こうした事態は、我々が述べてきたことによって「正当化」される。各々の「純粋」タイプが完全な発達を遂げるためには、他の諸タイプから切り離されなくてはならない。だが、このことは、これらの権威がその潜在的な可能性をすべて実現したあともなお、「分割された」状態にとどまることを意味しない。むしろ逆に、これらはいずれ再統一されることになるだろう。こうして、政治的進化は差異化なき統一（萌芽状態の統一）から出発し、分割の時代と分離された諸要素の発展の時代を経て、最後に全体性、すなわち、差異化された統一（成熟した有機体としての統一）へと至りつくだろう。

したがって、政治的権威を分割すべきか否か、すなわち「諸権力を分離する」べきか否か（もしそうすべきならば、いかにしてか）という問いに答えるためには、ある国家が政治的進化の過程のどの地点に位置しているかを知らなくてはならない。つまり、その国家の政治的現実の具体的な性質を認識しなくてはならない。

もちろん、こうした研究をこの場で行うことはできない。ここではむしろ、政治的権威の分割の問題がもつ別の側面について、すなわち、分割されない権威（「純粋な」または「複合的な」）とその「担い手」との関係について、若干の見通しを述べてみたい。

*

(b) 政治的権威が分割される場合、分割された個々の権威は当然ながら独自の「担い手」をもつことになる。言い換えれば、各権威はそれぞれ別の人物によって体現されることになる。だが、この人物が一人の個人であるべきか、それとも「団体」であるべきかがなお問題となる。政治的権威が分割されない場合でも同じ問いが提起できる。

この問題は、一般にはこの後者の場合を念頭に置いて議論されてきた。

そこでの「古典的」な分類の仕方は次の通りである。

単一にして不可分の政治的権威は、

(1) ただ一人に帰属する——君主制（僭主制）
(2) 一部に（つまり少数派に）帰属する——貴族制（寡頭制）
(3) すべての者に帰属する——民主制。

こうした分割の仕方はきわめて「カント的」である。なぜなら、それはカントの三つの量的カテゴリー、すなわち単一性 *Einheit*、多数性 *Vielheit*、全体性 *Allheit* に対応しているからである。だが、政治的観点に立てば、この分割は正しくない。

実際、政治的にみてとりわけ重要なのは、行為の最終的な発出点が一者か「集団」かという問いである。この観点に立てば、一者と、何であれ集団であるものとの差異は、多少とも広がりをもつ集団同士の差異よりも大きい。このことは、権威の集団的な「担い手」が権威を被る者たちすべてを含むということが政治的にはありえないことを考えると、いっそうはっきりする。最も極端な「民主制」においてさえ、「すべて」という語が意味するものは「すべての公民」ということであって、（国家のなかで生活する）人間存在すべてを指すのではない。ところで、公民と非‐公民との間の境界線は、つねに多少とも恣意的である（女性、子供、狂人、等々の問題を見よ）。したがって、権威の「担い手」は、つねに多少とも「部分」的、「複数」的である。しかも、政治的現実においては、「権力」が公民のすべてに帰属することさえない。つまり、権力は多数派、すなわち公民の一部に帰属するのである。

注記一。権力が公民のすべてに帰属するケースは、それがある時期ポーランドにおいて実現されることがなかったならば（有名な拒否権のケース、すなわち権威＝全員一致のケース）、政治的には非現実的として斥けられることだろう。だが、まさにこの経験によって、このヴァリアントの政治的な不条理さが明らかとなる。つまり、この事例はあくまでも「限界事例」にすぎず、それを一者による統治や複数者による統治の枠に収めることはできない。

注記二。「すべて」という政治的概念に関するこれらの見解が正しいとすれば、論理的に可能なもう一つの分類、すなわち、

権威は

- Ⅰ　一部に帰属する
  - 1　一者に帰属する
  - 2　複数者に帰属する
    - a　少数派に帰属する
    - b　多数派に帰属する
- Ⅱ　すべての者に帰属する

という分類もまた斥けなくてはならない。なぜなら、これまで実在したすべての国家をⅠ．ポーランド国家とⅡ．それ以外のすべての国家に分割するなどということは論外だからである！

したがって、政治的に正しい分類の仕方は以下の通りである。すなわち、

（分割されない）政治的権力の「担い手」は、

Ⅰ　個人
Ⅱ　集団

であり、後者は、

- 1　公民の一部
  - a　少数派
  - b　多数派
- 2　公民のすべて（限界事例）

から成る。

ⅠとⅡの二つの可能性がもつ利点や欠点をめぐっては、これまで果てしない論争が続いてきた。それらの対立する諸説をここで再現することはできない。ただし、この問題のあるひとつの側面がこれまで一般に見過ごされてきた事実は指摘できる。例えば、権威の「担い手」が集団である場合、この集団のメンバー同士で争う危険があり、この争いが権威そのものを弱体化させ、さらには破壊する可能性があると言われる。この議論は、権威が一つの「純粋」タイプに帰属する場合であれば妥当である。だが、権威が「複合的」である場合は、事態はそれほど単純ではない。なぜなら、そこでは同じ一人の人間が自分自身と争う可能性が出てくるからである。例えば、指導者としての彼は、裁判官または父としての自分自身と対立することがありうる、等々。ところで、権威同士の対立が同一人物の内部で演じられる場合、この対立は最終的に自殺（物理的または政治的な自殺）、すなわち「担い手」の破壊、ひいては全体的権威そのものの破壊にまで至るか、さもなくば——ほとんどの場合——対立しあう権威（部分的権威）の一方が他方のために排除されるという帰結をもたらす。（まさにそれゆえに、こうした争いは個人においてよりも集団においてずっと頻繁に生じるように見える。）その反対に、「担い手」が集団である場合には、対立しあう部分的諸権威は一般にそれぞれ異なる個人を担い手とするから、それらのうちのひとつが他を排除することは少なくなる。

したがって、「担い手」が「純粋な」政治的権威の「担い手」である場合、この担い手は個人であるのが望ましい（「論争」はこの権威の「担い手」の候補者たちの間で生じるのであって、「担い手」自身の内部においてではない）。だが、政治的権威が「複合的」である場合には、その「担い手」は集団であるほうがおそらく望ましい。（例——権威Mまたは権威Cの「担い手」は個人であるべきだろう。だが、権威MCまたは権威CMが権威Mまたは権威Cに堕落することを避けるためには、権威MCまたは権威CMの「担い手」は集団であるほうがよい。）

分割されない政治的権威の「担い手」は集団的であるべきだとして、では、その量的な性質はどうあるべきなのだろうか。

この点に関して、我々はⅡ、2のケースを斥けることができる。

注記。一見したところ、このケースはありえないように見える。なぜなら、誰も自分自身に対して権威をもつことはできないからである。だが、ここで問題となっているのが政治的権威であるということを忘れてはならない。この政治的権威は、別の種類の権威、すなわち、政治的「領域」とは別の

「領域」において実現される権威、例えば宗教的権威（ちなみに、この宗教的権威もまた、権威としての権威の四つの「純粋」タイプすべてを併せもつことができる）と対立する可能性がある。仮にすべての公民が政治的権威の「担い手」となる場合でも、そこにあるのはあくまで政治的権威である。なぜなら、各人が政治的権威の「担い手」となるのは、その者が公民たるかぎりにおいてのみであり、たとえばホモ・エコノミクス〔経済的人間〕やホモ・レリギオスス〔宗教的人間〕としてではないからである。ただし、私は、私が公民として自らその「担い手」となっている政治的権威を、宗教的権威、等々として「承認する」、すなわち創造することはできる。したがって、このケースは理論的には実現可能である。だが、政治的には非現実的であり、このような仕方で「担われる」権威は最終的には自己を維持できない。

したがって、残る問題は、（分割されない）政治的権威の「担い手」が公民の少数派（Ⅱ、1、aのケース）と多数派（Ⅱ、1、b）のいずれであるべきかである。

すでに見たように、多数派（少数派）は、単に多数派（少数派）であるという事実からはいかなる権威も引き出すことができない。つまり、権威は量とは無関係である。この観点に立てば、（分割されない）政治的権威の担い手が一人であるか多数派であるか、それとも多少とも規模の大きな少数派であるかといったことは重要ではない。問題は、ある権威の維持や行使に関して、多数派の「担い手」のほうが少数派の「担い手」よりも適合的であるかどうかだけである。ところで、政治的権威の「担い手」が国家の（集団的）指導者である場合、この担い手が多少とも広がりをもつ国家の公民の多数派を構成するなどということはありえない。それは明らかである。だが実際には、政治的権威の「担い手」となるのは国家元首(または「政府」)ばかりでなく、役人たち全体もそうである。したがって、問題は結局、役人の集団が公民の多数派であるべきか否か、すなわち、どれだけ多くの公民を「役人化」すればよいかという点に尽きる。

だが、この問題はあまりに複雑すぎてここでは検討できない。「分離された」政治的権威の「担い手」の問題については、もはやここでは論じられない。互いに異なるいくつかの(元老院－政府－法廷というシステムの場合は三つの)権威がある場合、それらは当然ながらそれぞれ独自の「担い手」をもつ。だが、これらの「担い手」(または、単にこれらのうちのいくつか)は果たして集団的であるべきか否か、もしそうあるべきだとすれば、これらの一つが公民の多数派を含むことは果たして必要かどうか、これらがなお問題となる。

これらの問題をここで論じることはできないが、さしあたり次のことを指摘しておきたい。この問題は、「純粋な」権威には個人の「担い手」を、また「複合的な」権威には集団の「担い手」を割り当てるべしという、さきに述べた原理を適用することによっては解決できない。なぜなら、さきの議論では、全体的な政治的権威がP、C、MまたはJという「純粋」タイプであることが前提だったからである。それに対して、ここで問題となる権威(例えば、PやCMやJのタイプの権威)は、この全体的な政治的権威の構成要素である。

2　権威の伝達

(a)　はじめに、権威は同じままだが、その「担い手」（個人または集団）が変化する場合について考えてみよう。つまり、国家元首と役人の「引き継ぎ」という問題である。一般に、あらゆる権威は次の二つのどちらかに分類できる。

(1)　直接的に保持される権威。すなわち、（国家元首の）「自律的な」権威。

(2)　右記の権威を前提としてのみ存在する権威。すなわち、（役人の）「従属的な」権威。

はじめに、権威の伝達が、権威の自然発生的な生成の場合とは反対に、次の三つの方法で行われることを確認しておこう。すなわち、

(1)　世襲

(2)　選挙

(3)　指名　である。

すでに見たように、一般に「選挙」と呼ばれるものには三つの明確に異なる「現象」が含まれる。「選挙」は、既存の権威の単なる顕在化にすぎない場合がある。この場合、選挙は単に、候補者が選出とは無関係に保持する権威を明白で現実的なものにするだけである。したがって、この場合の

「選挙」は、「選挙」というよりもむしろ、例えば「信任投票」と呼ぶほうが妥当である。だが、選挙（本来の意味での選挙）は、被選出者の権威を創り出すこともできる。この場合、被選出者は、選挙によって与えられる権威以外のいかなる権威ももたない。これが本来の意味での選挙である。最後に、すでに見たように、「現象学的には」、こうした選挙は候補者をクジ引きで選ぶことに等しい。最後に、選挙集会が固有の権威をもち、かつ、その権威を（全面的または部分的に）被選出者へと伝達する場合、この「選挙」は指名としての性格をもつことができる。この場合は、「選挙」ではなく「指名」と言うべきである。

次に、国家元首（個人または集団）の権威、すなわち「自律的」で分割なき政治的権威の「担い手」の権威が、（その生前または死後に）その後継者に伝達される場合について考えてみよう。すでに見たように、世襲による伝達は現象学的には擁護できない（父の権威については話が別である。そもそも、それは真の意味での「世襲財産」ではない）。また、世襲による伝達は今日では完全に支持を失ったように見える。同じことは、本来の意味での選挙、すなわちクジ引き（それは、固有の権威をもたない集会による投票というかたちで、またはそれ以外のやり方で行われる）についても言える。したがって、残るは指名である。ところで、政治的権威が不可分であるとすれば、指名は最終的に国家元首自身によってなされる以外ない。つまり、国家元首の後継者を指名するのは国家元首自身である。

この伝達様式が利点をもつのは、自らの後継者を指名する指導者の人格にもっぱら帰属する権威を、人々が何らかの理由によって維持しようとする場合にかぎられる。それは明らかである。（例、——ある宗教セクトは、その創始者の権威を指名の連鎖というかたちで維持しており、この連鎖は最終的には創始者にまでさかのぼる。）だが、この権威が指名のたびに弱まる傾向があることは無視できない。したがって、政治的権威それ自体は、その「担い手」自身の（「個人的な」）権威から切り離しておくべきである。つまり、指名を自律的権威の自然発生的生成によって置き換えるほうがよい。そうすれば、この「継承」は、実際には同じ権威が切れ目なく自然発生的に生成しているのと同じになる（この生成は、例えば「信任投票」によって「顕在化する」ことができる）。

政治的権威が分割される場合は、分離された権威のすべてについて（その自律的な「担い手」の）継承が問題となる。だが、そうなると話が複雑になるので、ここではその問題を扱うことはできない。

注記。P－CM－Jタイプの国家〔においては〕、元老院－監察官の自律的権威は世襲による伝達が可能であることを想起せよ。他方、政府の自律的権威は自然発生的に生成し、示威集会の信任投票によって顕在化される。また、法廷の自律的権威はクジ引きによって（例えば選挙というかたちで、おそらくは普通選挙によって）生み出される。

次に、「従属的」権威の伝達のケース、すなわち、役人の引き継ぎの様態について考えてみよう。

役人の「従属的」権威は「自律的」な政治的権威を前提しているのだから、この従属はことあるごとに強調されなくてはならない。言い換えれば、権威の伝達はここでは指名によって行われなくてはならない。したがって、役人はつねに指名されなくてはならない。つまり、政治的権威が分割されない場合は国家元首によって、また政治的権威が分割される場合はこの役人が直属する自律的権威の「担い手」によって、最終的には指名されなくてはならない。

＊

(b) 以上のことはそっくりそのまま、権威の伝達に関する二番目の問い、すなわち、（特定のタイプの）自律的権威がいかにして（同じタイプの）従属的権威に変化するかという問いに対する答えとなっている。役人の後継者を指名するのは役人自身ではない。また、（役人の）従属的権威が自然発生的に生成することもありえない。そこには世襲もなければクジ引きもなく、厳密な意味での選挙もない。役人は、それが創り出されたときと同じやり方で、すなわち、しかるべき自律的権威が行う指名によって置き換えられるのであり、この自律的権威の「担い手」はつまるところ、この役人自身にとっての個人的または集団的な「指導者」に他ならない。

注記。P－CM－Jタイプの国家では、緊急の際には元老院－監察官が監察官－役人を指名し、同様に、万一の場合には法廷が「護民官」または（政治的な）裁判官－役人を指名する。それ以外の役人は、語の狭い意味での政府によって指名される。すなわち、それらは個人または集団の指導者によって直接的に指名されるか、もしくは国家書記または大臣を通じて間接的に指名される。

II　道徳的適用

権威の「担い手」となる人間存在（個人であれ集団であれ）の能動的な行動が服すべき規則の総体を、「権威道徳」または「権威的道徳」と呼ぶことにしよう。この「権威的道徳」は、特定のタイプの権威を獲得または維持する（すなわち行使する）ためには何をなすべきかを指示する。ところで、権威に四つの「純粋」タイプが存在するように、「権威的道徳」の場合も同じく四つの還元不可能なタイプが必然的に存在する。例えば、父の権威を獲得し維持するためには、主人の権威を獲得し維持する場合とは別のことをしなければならない、等々。

今日では一般に、道徳のもつ「権威的な」（さらには政治的な）様相がまったく無視される傾向があり、倫理学的考察からは、権威のカテゴリーや、権威を行使する者と権威を被る者との本質的な差異の原理が抜け落ちている。このことは、我々のキリスト教的または「ブルジョワ的」道徳が、少なくともその始まりの時点においては、「主人」の道徳に対抗する「奴隷の」道徳であったという事実によって説明できる。つまり、この道徳は、権威を行使する側の行動よりもむしろ、権威を被る側の行動をよりいっそう反映しているのである。

ところで、権威的道徳の四つの「純粋」タイプのなかでは、裁判官の権威道徳が「ブルジョワ的」道徳に最も近い。したがって、権威の存在を前提としたうえで道徳を確立しようとする場合は、一般に「裁判官」タイプの道徳が論じられる。また、この特殊な権威道徳は、権威タイプの問題を無視してあらゆる権威に適用される。だが、歴史をひもといてみれば、こと「主人」タイプの権威道徳に関してはかなりの知見が得られる。古代や十六—十七世紀ヨーロッパの作家たちの作品(とくにカスティリオーネの『宮廷人』を参照せよ)、中世の日本やインド、等々の作家たちの作品を読めば、「主人」タイプの権威道徳の何たるかはそこで多少とも明確に(すなわち理論的に)語られている。ただし言うまでもなく、これらの作家たちもまた、自分たちが道徳一般を語っていると信じていた。要するに、彼らは「権威」一般について十分に論じたことはないし、他の権威タイプを考慮したこともない。

父の権威道徳と指導者の権威道徳に関して言えば、それらは明示的なかたちではいわば存在しない。父の行動や指導者の行動に関する歴史学的記述や心理学的記述はあるが、そこから何らかの理論が引き出されたことはないのである。

この空白をここで埋めることはできないし、権威道徳の還元不可能な四つのタイプに関する一般理論を提示することもできない。だから、いまはこの問題を指摘するにとどめて、ひとまず次のことを確認しておこう。権威が他から孤立した「純粋」タイプとして存在することは、実際にはほぼまったくない。したがって、「複合的な」権威的道徳についても議論する必要がある。また、「純粋な」道徳が、ただ一つ存在する特定タイプの「複合的な」道徳と融合する場合、この「純粋な」道徳がどの程度まで変化するかを検討する必要がある。

ただし、ある特定の権威（より正確には、その「担い手」の行動）を別の権威タイプの道徳によって「裁く」ことは明らかにばかげている。このことは、異なるタイプの（例えば、父のタイプと指導者のタイプの）権威同士の「悲劇的」な、つまり解決不能な争いにまつわる周知の事実が十分に証明している。

権威道徳の理論をつくることは実践的な意義をもつ。第一に、この理論は、権威をこれから行使しようとする者たち、または権威を実際に行使している者たちにとっての行動規則として役立つ。また、こうした道徳規定が広まれば、逆に権威を被る者たちの「心理学」をつくることも可能となり、したがって、権威の獲得と維持はいっそう容易になるはずである。つまり、これから権威を被る者たちが権威の維持のために何をなすべきかを知っている場合には（そしてまた、それが実際になされることをじかに見てとる場合は当然のことながら）、権威の維持はずっと容易になるということである。

こうして、権威道徳の研究は、おのずと権威心理学の研究（およびその教育学的応用）に通じる。

III 心理学的適用

「権威心理学」という言葉は、ここでは、（ある特定のタイプの）権威を行使された、または被った人間がその権威を感じ取る仕方という意味で用いている。

行使された権威の心理学的研究は、純粋に理論的な意義しかもたない。なぜなら、少なくとも今日では、この心理学の理論的知見に基づく教育法の適用によって権威候補者たちの「権威的」心理を育成するということはまずありえないからである。

注記。この研究が実践的な意義をもつのは、権威が世襲によって伝達される場合だけである。したがって、世襲君主の事例を除けば、権威心理学の研究は現在に至るまでほぼ皆無と言ってよいし、ましてや、その権威がどのタイプであるかなどは問われることさえなかった。ヒットラー政権のドイツは「指導者学校」の設立を試みている（*Ordensburgen*）が、オックスフォードやケンブリッジのいくつかのカレッジもこれと似た事例といえる。

その反対に、被られた権威の心理学を理論的に研究することは、それ自体が興味深いだけでなく、異論の余地のない実践的価値ももっている。

実際、あらゆる「プロパガンダ」または合理的な「デマゴギー」の土台となるべきものは、この心理学の知識である（「デマゴギー」、すなわち真に有効な「デマゴギー」という言葉は、ここでは民衆の政治的教育、すなわち、今日では「プロパガンダ」と呼ばれる手段を用いて行われる教育的活動の意味で使っている）。典型的な人間が権威を被る際に何を経験するかを知ることができれば、すなわち、こうした知見をもとにして、彼が権威を行使する者たちから何を期待しているかを知ることができれば、この者に対して、自分が現に関わっているものが他ならぬ権威であるということ、しかも、それは「適切に」行使された権威なのだということを理解させることができる。あるいは少なくとも、こうしたことを信じさせることができる。また、権威が「正しく」行使され被られる「標準的な」（さらにいえば「道徳的な」）ケースでひとが何を経験するかを実地に体験させることによって、その心理学的反応を是正することさえできる――また是正すべきである。

権威心理学の問題をここで論じることはできないが、その代わり次のことをひとまず指摘しておこう。重要なことは、権威の四つの「純粋」タイプを区別すること、また、それらが融合する場合にそれらがどの程度まで変化するかを理解することである。なぜなら、たとえば父の権威を被る場合と主人の権威を被る場合とでは、その被られ方がまったく異なる、等々といったことは、あまりに自明だからである。したがって、（語の軽蔑的でない意味で）デマゴーグ的なプロパガンダを試みる以前に、そもそもこの「教育的」手段を用いてその獲得または維持に貢献しようとしている当の権威がいかなるタイプ（「純粋な」または「複合的な」）であるかを正確に知らなくてはならない。

ところで、政治的権威の「標準心理学」を確立するためには、政治的権威の道徳に関する認識が不可欠である。その際、権威が政治的には国家として現実化されるということが議論の前提としてある。また、以上のことはすべて、権威としての権威の現象の哲学的分析を前提している（権威を現実化する形式が政治的なものか宗教的なものか、それともそれ以外の形式であるかといった問いは、この分析とは無関係である）。その分析とは、第一に現象学的分析であり、第二に形而上学的分析であり、第三に存在論的分析である。

＊

一般的演繹はこれぐらいにして、こんどは政治的権威の具体的な事例を――以下の付録で――手短に検討してみることにしよう。その事例とは、一九四二年現在のフランスにおいて現に存在する権威である。

付録

I　ペタン元帥の権威の分析

ペタン元帥が権力の座についたことは、政治的権威の自然発生的生成の典型的なケースである。ペタン元帥その人を「担い手」とする権威がどの権威タイプに属するか検討してみよう。

一九三九―四〇年の出来事が起きる以前、彼は大衆の間ではとりわけ軍事指導者として、ヴェルダンの戦いの勝者として有名であった。つまり、彼は戦士としての権威をもっていた。すなわち、われわれの言葉で言えば、彼は「主人」タイプの権威の（個人的な）「担い手」であった。元帥を「ヴェルダンの勝利者」として喧伝するプロパガンダは、元帥のもつこの主人の権威を強調しているのである。また、元帥が――言葉の狭い意味での政治的領域において――説明抜きに、自らの行為を釈明することなしに、それらの動機や目的や結果について語ることなしに、すなわち、自らの行為の意味を説明することなしに働きかけることができるのは、何よりもこの主人の権威のおかげである。

だが、国民のエリート層は同時に、軍事蜂起の際に元帥が果たす役割についても認識していた。つまり、彼らは元帥の軍事的活動の「政治的」側面についても認識しており、元帥が出来事を予見したり、出来事の進行を妨げたり、現在を未来に向けて組織しなおすことができるということを知っていた。言い換えれば、元帥はわれわれの言う意味での指導者の権威ももっていたのである。元帥は民衆に向けてしばしば「私はあなた方を率いる。私に続け！」と語りかけるが、そこで彼が訴えているのはこの指導者の権威である。それが指導者の権威に他ならないことは、そこで提示されるプロジェクトまたはプログラムが、たとえ民衆から理解されない場合でも、単にそれが元帥によって提案ないし支持されているというだけで「対抗行為」なしに受け入れられるという事実によって明らかである。

注記。幾人もの政治家たちが、自分は敗北を予見していたとか、その結果を少なくとも予想して戦争の回避につとめたなどと主張して指導者の権威を独占しようとした。元帥のもつ指導者の権威は、こうした「予見」に基づくものではありえない。だが、彼は開戦の動議には加わらなかった。つまり、彼は欺かれなかったのである。彼の先見の明のなさは証明されなかった。かくして、一九一七年に彼が獲得した指導者の権威は、一九四〇年の時点まで無傷のまま残ったのである。

しかも、元帥が高齢であることや、彼がすでに栄光を極めていたという事実、また一般に彼の人柄に顕著に見られる「高貴さ」――これらすべてが要因となって、元帥は裁判官の権威をも帯びることになった。国民の目に映る元帥は、どこまでも「没利害的」であり、不偏不党であり、客観的である。すなわち、正義の人であり、公平であり、誠実である。元帥の演説がきまって「私は自らをフランスに捧げた」という美辞麗句（プロパガンダがしじゅう取り上げる文言）で始まるのは、この裁判官の権威を確かなものにするためである。また、リオン裁判の判決が下る前に、元帥が被告たちについて意見を述べることができたのは、彼が裁判官の権威をもっていたからである。

最後に、元帥の本質的に「フランス的な」人柄や振る舞いや生活スタイル、その真に明白なフランス的「本質」は、その高齢とあいまって、元帥を父の権威の（個人的な）「担い手」とした。元帥の（ときにはプロパガンダの）口調やその「父親らしい」態度に示されているのは、この父の権威である。また、この父の権威から民衆が受け取るのは次のような確信である。すなわち、指導者としての元帥に付き従うかぎり、元帥を主人として盲目的に信頼するかぎり、元帥を裁判官として受け入れるかぎり、自分たちの日々の直接的利害や未来の見通しはもとより、過去の伝統もまた裏切られることはないだろうという確信である。

したがって、一九四〇年には全体的な政治的権威の自然発生的な（つまり「信任投票」によって顕在化するのではない）生成があったということができる。こうして、元帥は権威（政治的権威）

の四つの「純粋」タイプすべての（個人的な）「担い手」となる。

注記。さらに詳しく研究すれば、この全体的な政治的権威のもつ特殊な性質、すなわち、この権威に含まれる四つの「純粋な」権威の序列関係（ＰＣＭＪ、ＣＭＰＪ、ＭＣＪＰ、等々の「ヴァリアント」）を明らかにできるはずである。なお、この序列関係は時間の経過とともに変化していったと思われる。

次に、この全体的な政治的権威が実際に行使された場合はどうなるかを検討しよう。

まずは主人の権威から見ていこう。主人に固有の領域は戦争であるから、本質的に平和的でしかも明白に平和主義的な政策は、必然的に主人の権威を少しずつ弱め、無化していくことになる。しかも、ペタン元帥の場合は高齢であるから、来るべき戦争において彼が実際に軍事指導者をつとめることはおよそ考えられない。

注記。主人の権威の帰属先を国家に限定しようとする場合は、元帥自身とは別の「担い手」をこの権威のために見つけなくてはならない。元帥が海軍提督を自らの後継者に指名した理由は、まさにこれであったと思われる。また、現実問題として、来るべき戦争において実際に軍事的指令を行うことができる人物を擁立する必要がある。「海軍提督は一度も負けたことがない」というプロパガンダの謳い文句に注目せよ。そこでは何よりも、海軍提督がもつ主人の権威を強化または生み出すことが目指されている。

かくして、元帥は主人の権威を利用することがますますできなくなっていくように見える。つまり、彼は民衆に向けて釈明するようになるのである。

注記。「政府の」権威、すなわち、一九四〇年の休戦時にはMCタイプに見えた主人‐指導者という「複合的」権威は、CMタイプの「政府の」権威に変化するきざしを見せている。

その反対に、父の権威（当初から非常に強かった）は無傷のまま残る。「非フランス的」と感じられた一連の措置は、その場かぎりの意図的な「戦術的退却」として民衆に受け入れられたように見える。いずれにせよ、父の権威が無傷のまま残ったおかげで、「政府の」権威は、本質的にフランス的な（「国民的な」）政治がフランスにおいてもつはずの威信を依然として保っている。（しかも、元帥とプロパガンダは「伝統」という側面を大いに利用する。）ただし、過去のもつ「特別な重み」は、今のような状況ではたいした重要性をもたない。現在があまりに「嘆かわしい」ので、国民は何よりもそこから脱出すること、すなわち現在を乗り越えること、すなわち未来へと浸透することを願っている。つまり、ここでは未来の権威（＝指導者の権威）のほうが過去の権威（＝父の権威）よりも強い。したがって、全体的権威はP↓タイプではなくC↓タイプ（またはCM↓タイプ）であるか、またはそうなるだろう。言い換えれば、父の権威は指導者の権威の「土台となる」のではなく、それを「補佐する」べきである。

次に、裁判官の権威を見てみよう。たしかに、元帥の個人的な威信を弱めることができるものは何もなかった。彼の本質的な「不偏不党さ」はあくまで異論の余地がない。だが、この「不偏不党さ」が実際に行使されたことで、すなわち、裁判官としての現実の権威が行使されたことによって、その権威はかえって弱まってしまったように見える（リオン裁判の不幸な顛末を見よ）。元帥の「判断」の公平さはたしかに「承認」されている。だが、その公平さを実行に移す可能性については疑われているのである。（社会的領域においても同様である。元帥はたしかに正義の人である。だが、「トラスト」は彼よりも強いのである。）したがって、元帥のもつ全体的な権威は、過去の（そして現在の）懲罰的な否定の上に、すなわち、裁判官の「純粋な」権威の上に基礎を置くことはできない（あるいは、もはやできない）ように見える。したがって、全体的な政治的権威はJタイプではありえない。

したがって、「政府の」権威（指導者または主人の権威）こそが、父の権威と裁判官の権威の土台となるべきである。また、政府の権威のなかでは、指導者の権威が優越すべきである。かくして、全体的権威の向かう先はＣＭＰＪタイプ（または、おそらくＣＭＪＰタイプ）であるように見える。

注記。現時点では、国民は——未来の問題は別として——現在の公平よりもむしろ過去の総体との連続性の維持により関心があるように見える。この場合は、（一）ＪＰタイプよりも（一）ＰＪタイプのほうが重要になる。ラヴァル〔一九四二年にヴィシー政権首相に就任〕以前の時代には、政治的権威はＣＪＰ（ペタン元帥）とＭ（海軍提督）に分割される傾向があった。すでに見たように、ＣとＭの分離は好ましくない。だが、元帥の年齢を考えると、この分離は避けられないように見える。いずれにせよ、元帥の後継者となった際の提督の権威はＣＭＰＪタイプか、または、この場合だとおそらくＣＭＪＰタイプであったと思われる。また、このＣＭＪＰタイプは、戦時にはＭＣＪＰタイプになる傾向がある。現時点（一九四二年五月）では、全体的な政治的権威は三つの独立した「担い手」をもつように見える。すなわち、Ｃ（ラヴァル）、ＰＪ（ペタン元帥）、そしてＭ（海軍提督）である。（ここでもまた、この三つの「担い手」が互いにどこまで本当に「独立」しているかが問題となる。）ところで、この全体的な政治的権威のタイプを特定するのは難しい。⑴国民の願いからすれば、このタイプはＣ＋Ｍ＋ＰＪであるか、またはそうでなければならない。⑵個人の権威に着目すれば、このタイプは異論の余地なくＰＪ＋Ｍ＋Ｃである。⑶大多数の民衆は、現実の権力が残念ながらＣ＋ＰＪ＋Ｍタイプであると確信している。要するに、ここでは「担い手」のヒエラルヒーが権威のヒエラルヒーに対応していない。つまり、最も強力であるはずの指導者の権威が、最も弱い「担い手」をもつということである。

指導者の権威は、それが実際に行使されてはじめて元帥の全体的な政治的権威の土台となるように見える。また、この指導者の権威は、実際に行使されるという試練に耐えたように見える。今日なお、元帥によって提示された「プロジェクト」ないし「プログラム」は、それを提示したのが元帥であるという事実だけで「対抗行為」なしに受け入れられるであろう。ただし、指導者の権威は未来の、すなわち「プロジェクト」の権威であるから、この権威は現在においては「説明」なしに、すなわち、政治的プログラムのなかで、またそれによって、現在の行為をある特定の未来へと結びつけることなしには行使できない。そもそも指導者たる者は、特定の未来を目指して現在を変化させるための明確な「プロジェクト」や詳細な「プログラム」を提示できないかぎり、いつまでも指導者の地位にとどまることはできない。だが、現在に至るまで、元帥は真にその名に（また、彼が今なおもっている権威）に値する「政治的プログラム」を提示していない。国民に周知されたプログラムをもたない（またその結果、純粋に「オポチュニスト的」な様相を呈するに至った）元帥の活動は、彼の指導者としての権威を固めるどころか、かえってその権威を厳しい試練にさらす結果となった。

たしかに、「トポス」、すなわち、こうした「プログラム」にとっての「論理的場所」はすでに存在しており、それは「国民革命」と呼ばれている。だが、この「場所」が依然として空虚であることは認めなくてはならない。

＊

付録の第二部では、この国民革命について検討する。ここでは、付録の第一部の締めくくりとして、元帥の権威の分析から以下の結論が導かれたことを指摘しておく。

(1) 国民革命は、それが誕生し実現されることができるためには、元帥の権威を必要とする。つまり、元帥のもつ四つの権威によって支えられた「プログラム」だけが、国民に受け入れられる可能性をもつ（単にプログラムとして受け入れられるにすぎないとしても）。

(2) 元帥の権威は、それが変質を被ることなく維持されることができるためには、国民革命を必要とする（それが単に定義された建設プログラム、すなわち政治的「理念」にすぎないとしても）。

注記。元帥の権威は、現時点における政治的理想を体現しているとも言える。だが、およそ理想は、それが実現されないかぎり、あるいは少なくともその実現が試みられないかぎり消滅してしまう。ところで、実現の途上にある理想は理念と呼ばれる。すなわち、行為を生み出し、理想（この理想は、それが実現されることによって、所与を変化させると同時に自らも変化する）に基づいて所与を変化させる、具体的で建設的な理念である。だから、元帥は理想であることをやめて政治的理念になる必要がある。つまり、彼は国民革命のプログラムを提示し、それを実行に移さなくてはならない。

Ⅱ　国民革命に関する考察

「革命」とは、政治的現在を未来に向けて能動的に変化させることであり、この変化には現在的所与の否定が含まれている。つまり、この変化は、現在的所与のなかにすでに（萌芽的に）含まれているものの単なる発展ではない。（したがって、ここでいう未来は語のきわめて厳密な意味において理解すべきである。すなわち、いまだないものとして、すでにあったものではないものとして、理解すべきである。）

政治的現在の能動的変化が過去の総体との断絶なしに行われるとき、その革命は「国民的」である。（直接的過去は否定することができるし、また否定しなくてはならない。なぜなら、この直接的過去は、現在を革命的行為が望む方向とはまったく逆の方向へと「自然に」または「自動的に」進化させるからである。）

この定義が国民革命の「枠組み」を決定する。つまり、国民革命の「論理的場所」、アリストテレス的「トポス」を指定する。問題は、この「トポス」に対していかなる内容を与えるかである。この「内容」を「革命的理念」と呼ぶことができる。革命的理念は理論または教義（可能なかぎり首尾一貫していて、しかも原理上は普遍的な理論や教義、すなわち、全ての具体的事例を「演繹」できる理論または教義）であり、それは、政治的現在を変化させ政治的未来を創造する行為を生みだすことができるし、また生みださなくてはならない。理念は、プロジェクトを「表明」し「目的」を指し示すことによって、行為を始動させる。またそれは、「プログラム」を策定することで、行為を決定し導く。このプロジェクトやプログラムが「ユートピア的」にならないためには、政治的現在と対決する一方で、この政治的現在を考慮に入れなくてはならない。つまり、これらのプロジェクトやプログラムが実現可能となるのは、（ありえない条件を前提するのではなくて）あくまで所与の現在から出発することによってである。

一九四二年五月現在、フランスは国民革命の「トポス」を受け入れはしたものの、革命的理念はいまだもたないと言わざるをえない。

注記。国民革命がいまだ現実化していない、または実行されていないことに対する不満の声が広がっている。だが、そもそも革命とは決して現実化しないものである。何ごとかが現実化されるかぎり、この何ごとかは革命的であることを止める。革命はつねに現実化しつつある何か、生成途上にある何かである。また、所与を否定する行為によって現実化しつつあるものとは、他ならぬ革命的理念である。したがって、真に「嘆かわしい」のは、新しい政治的現実の不在ではなく、革命的理念の不在である。この理念を作り上げることから始めなくてはならない。

＊

私自身は、一九四二年現在のフランスに向けて何らかの革命（国民革命）理念を提案したいなどとはいっさい思っていない。さらに言えば、さきに示した分析と演繹もまた十分なものではない。それらはせいぜい、建設的な革命理念の構想に至りつく可能性のあるいくつかの研究の出発点にしかなりえない。

とはいえ、ここでごく一般的な考察、またこう言ってよければ、方法論的な考察を行うことは可能である。

いま我々が「革命的状況」に立ち会っているとしよう。すなわち、（過去の総体との結びつきはなお維持する一方で）直接的過去によって決定される現在を放棄し、否定の行為による介入がない場合に生じるはずの未来とは異なる未来にとっての土台となるべき現在を能動的に（すなわち創造的に）実現する覚悟ができている国民を目の当たりにしているとしよう。この場合、我々はこの状況を「利用」すべきである。我々はこの状況を利用して、この国民に向けて革命の理念を提示することができる。だが、もし我々がこうした理念をいまだもたない場合は（または、何らかの理由で、それをただちに表明したり実行に移したりしたくないか、またはそうできない場合は）、この理念が現に存在するかのようなふりをする必要がある。革命的状況は革命的行為になることでしか維持できない。革命的行為とは、革命の理念を現実化するプロセス以外の何ものでもない。理念がなければ、本来の意味での革命的行為も存在しない。すなわち、真に新しい政治的現実の創造はない。だが、理念のシミュラークル〔模像〕は、革命的行為のシミュラークルを生み出すことができる。

また、この擬似革命的な活動は、(一定のあいだ) 革命的状況の維持に貢献できる (革命的状況がなければ真の革命的行為はありえない)。国民が再び「惰性」に (すなわち、直接的過去が現在を通じて未来へと「自動的に延長する」状態に) 陥らないためには、この国民は最低でも自分たちが革命の理念に従って行動しているという印象をもたなくてはならない。そして、まさにこの印象こそは、理念のシミュラークルの現前が生み出すべき当のものに他ならない。

「シミュラークル」は、「内容」が変化したり削除されたりしてもなおその「形式」を維持する。したがって、肝心なことは、革命の外観をもつ政治形式を国民に向けて提示しつつ、そこに「無害な」内容を盛り込むことである。「無害な」内容とはすなわち、どうでもよい内容か、さもなくば革命的でない内容、言い換えれば、現在的所与 (政治勢力と政治的可能性の所与の配分) と両立する内容ということである。言い換えれば、国家または政治的権威の新たなタイプを創り出さなくてはならない (なぜなら、革命とは、所与の権威タイプを別の権威タイプによって置き換えること以外の何ものでもないからである)。その場合、新たな制度を「白紙状態で」、つまり現実の効力をもたない状態で運営することもやむをえないし、また、未来において革命的行為が現実化した場合に備えて、これらの制度を別の制度へと (躊躇なく) 置き換える可能性をつねに留保しておくべきである。

ともあれ、国民革命の理念のこうしたシミュラークルを見つけだすことは、国民革命の理念そのものを提案することに比べれば容易であるように見える。

ここでは、革命理念の「シミュラークル」のようなものさえ提案しようとは思わない。だが、先に示した分析と演繹は——議論を尽くして十分に深められた場合には——この革命理念の構想に役立てることができると思われる。

*

参考までに、CM－P－Jタイプの政治的権威（全体的な、だが三つの部分からなる政治的権威）を実現する国家の政治形態（「憲法」）がどのようなものになるか検討してみよう。

注記。権威Pと権威Jの関係ははっきりしない。言い換えれば、CM－P－Jという「ヴァリアント」とCM－J－Pという「ヴァリアント」を明確に区別することはできない。

権威CMは「政府の」権威である。全体的な政治的権威（国家）はC↓タイプであるが、そこで優位に立つのは政府である。言い換えれば、国家のあらゆるイニシアチヴは、もとをただせば政府に由来するのである。

政府の権威の内部では権威Cが優位に立つ。権威CMの担い手が個人である場合、それは単に次のことを意味する。すなわち、政府の活動を動機づけている（または、動機づけているかに見える）ものは何よりも革命的理念、すなわち未来であって、日々の利害ではないということである

(軍事力は、この「文民的な」未来に奉仕すべきであって、この未来の原因となるべきではない)。権威CMの担い手は個人であるから、ここでは国家元首自身が政府の指導者(権威C)であると同時に軍隊の指導者(権威M)である。だが、彼は緊急時には統治を維持するための戦争を行うことができるが、その統治の目的がいたずらに戦争を遂行することであってはならない。

国家元首は、自らのもつ「政府の」(文官および武官としての)権威を指名によって伝達(付託)する(だが、自らの後継者は指名しない)。国家元首は、権威C(「立法的」権威)をもつ複数の国家書記を自ら指名する。そして、この国家書記が革命理念(法案、等々)の詳細(その具体的な適用)を検討する。各国家書記は、権威M(「執行的」権威)をもつ複数の大臣を指名する。各大臣は、自らを指名した国家書記のプロジェクトを実現しなくてはならない。また、各大臣は自らの役人たちを指名する。

国家元首の権威は自然発生的に生まれる。この権威は、示威集会(そのメンバーはいずれもその前任者によって指名される)の信任投票によって「顕在化」する。ただし、示威集会は、信任投票を拒否することはできても、別の候補者を推薦することはできない。また、この集会は、国家書記や大臣や主だった役人たちの権威を「追認する」(着任からそれぞれ三ヵ月後、六ヵ月後、十二ヵ月後に)が、これらのポストの候補者を推薦することはやはりできない。

国家元首は、国家書記以外に、示威集会の「追認」を受けない二人の国務大臣を指名する。そのうちの一人は、元老院‐監察官のもとで政府を代表する職務を担う。すなわち、国家書記が策定し、国家元首の承認を受けた法律に関して必要な趣旨説明を元老院に対して行い、この法律を可決させなくてはならない。もう一人は、政府と政治法廷の間の連絡係となり、政府（または元老院？）が誰かをこの法廷の審理にかけようとする場合には、（政治的な）主席検事の役目を果たす。

元老院－監察官（緊急時には監察官－役人を指名する）は、土地資産を持つすべての家長の代表者たち（一連の投票を経て選ばれる）から成る。元老院－監察官は、政府の（「革命的な」）立法活動が政治的伝統との連続性を破壊しないように監視する役割を担う。元老院－監察官は、法律を却下することはできるが、法律を提案することはけっしてない。

政治法廷は、国家反逆罪、すなわち、国家のタイプを変更したり国民の未来を損なう恐れのある行為を裁く。その裁きは、裁判官たちの「政治的良心のみ」に従う。また、そこで下される判決は「功績大」か「死刑」のいずれかである。（政治法廷は審理拒否の決定が下せるか？）政治法廷のメンバーは、すべての公民（政治的にみて成人であり、政治的にみて健全な精神をもつ男女）のなかから普通選挙（＝クジ引き）によって選ばれる。また、政治法廷は、緊急時には「護民官」または「裁判官－役人」を指名することができる。だが、政治法廷は裁判のイニシアチヴをとることができない。すなわち、起訴を行うことができない。（実際、政治法廷が介入するのは、国務大臣によって補佐された国家書記と国家元首とのあいだで対立が先鋭化した場合にかぎられる。）

ここで示した国家構造は「権威」現象のみを考慮に入れ、「労働」現象は完全に無視している。

だが、この二つをともに考慮しなくてはならない。

労働によって支えられた国家（労働に関するノートを参照せよ）* には、階層的な団体組織が含まれている。あらゆる政治的権威は団体組織の内部で生まれる。したがって、国家元首の候補者を推薦するのは、都市の諸団体（農村の諸団体は、政治的には元老院の管轄に帰属する）の最高評議会である。また、この評議会が推薦する候補者のなかから、国家元首は複数の国家書記を、国家書記は複数の大臣を、そして大臣は役人たちを、それぞれ選抜する。

＊『粗描』前掲書一九五頁以下〔邦訳二二三頁以下〕の部分を指すと思われる。「権威に関するノート」の参照指示があるくだり（一九四頁）の直後である。（編者注）

外的状況が軍隊なしでやっていくことを許さないかぎり、国家は単に労働のみならず、「生命の危険」、すなわち軍事力によっても支えられなくてはならない。したがって、軍隊は政治的権威の一部を担う必要がある。だから、国家元首の候補者は、諸団体の最高評議会と軍隊の最高評議会とが一致して推薦するのでなくてはならない。また、国家元首は、軍隊の最高評議会が推薦した候補者のなかから戦時（および植民地？）担当の国家書記を選抜する。平時においては、諸団体の評議会の候補者（軍隊評議会の公認を受けた候補者）が示威集会に出頭して信任投票を受ける。戦時（または戦争の危険がある場合）には、軍隊評議会の候補者が（諸団体の評議会の公認を受けて）

示威集会に出頭する。政府の権威が、平時においてはCMタイプであり、戦時においてはMCタイプである点に注意しよう。

戦争の危険は示威集会によって確認されうる。その場合、文民指導者は辞職し、代わりに軍人候補が擁立されなくてはならない。だが、示威集会は、政府がいちど確認した戦争の危険を取り消すことはできず、したがってこの場合、政府指導者は軍人でないかぎり辞職しなければならない。

平和状態の確認は国軍指導者によってなされる。この確認にひき続いて、国軍指導者は自らの地位を文民候補者に譲らなくてはならない。交戦状態の中止から六ヵ月を経たのちに、または、実際に戦火を交えない戦争の危険が一年間続いたあと、さらに一年が経過したのちに、元老院は平和状態を確認することができる。またそれにより、元老院は国軍指導者を解任することができる。だが示威集会は、こうした確認の有無にかかわらず、戦時体制の継続を確認できる。その場合、戦時か平時かを最終的に確認する権限をもつのは政治法廷である。

A・コジェヴニコフ
マルセイユ
一九四二年五月十六日

訳者あとがき

本書は Alexandre Kojève, *La notion de l'autorité*, édité et présenté par François Terré, Gallimard, 2004の全訳である。

本来、訳者は哲学とは専門を異にする人間であるが、諸般の事情により、本書の翻訳を法政大学出版局より依頼されることとなった。したがって、コジェーヴ哲学の真価について、立ち入った解説を加えるようなことは控えておきたい。幸いなことに、本書の冒頭にはフランソワ・テレによる長い緒言が付されているから、それを読めば少なくとも、コジェーヴの思想史的位置づけや本書の内容に関するおおまかな見通しは得られるだろう。ついでに言えば、本書はその執筆時期や内容からして、『法の現象学』と補い合うテクストであるのは間違いないから、コジェーヴの法と正義の哲学の内容、およびその思想史的意義については、コジェーヴ『法の現象学』（今村仁司・堅田研一訳、法政大学出版局）に付された訳者解説を参照されることを希望する。

とはいえ、訳を担当した者の責務として、本書およびコジェーヴに関するごく簡単な補足的説明を以下に付け加えておくことにしよう。

コジェーヴの略歴■

コジェーヴの人となりや経歴については、詳細な伝記の邦訳もすでにあり、よく知られているところであるから、ごく短い紹介にとどめよう。

本書の緒言にもあるように、コジェーヴは一九〇二年にモスクワに生まれた。誕生名はアレクサンドル・ウラジーミロヴィチ・コジェヴニコフ(「コジェーヴ」は彼がフランスに帰化して以降のフランス名である)といい、父親は富裕な卸商人であった。一九二〇年、コジェーヴはソヴィエト政権下のロシアを逃れてドイツに亡命し、ハイデルベルク大学で学究生活を送る。一九二六年、ハイデルベルク大学にて学位を取得(学位論文タイトルは「ウラジミール・ソロヴィヨフの宗教哲学」)、その後パリに生活拠点を移す。一九三三年には、アレクサンドル・コイレの後任として高等研究院にてヘーゲルの『精神現象学』読解セミナーを開始し、この講義は三九年まで続けられた。ここでの有名な講義はのちに『ヘーゲル読解入門』としてまとめられ、出版される。

一九三七年にフランス国籍取得、第二次大戦勃発後にはフランス軍の一兵卒として従軍するが、一九四〇年の「休戦」と同時に除隊した。なお、本書のもととなった「権威に関するノート」はこの頃に執筆されたと推測されている(本書の末尾には「一九四二年五月十六日」という日付の記載がある)。また、一九四一年から四三年にかけてマルセイユに滞在し、そこで『法の現象学』を書き上げている。戦後は対外経済関係局の一官僚となり、ヨーロッパの戦後復興に尽力するが、その一方で独自の思想的営みは途切れることなく続けられ、官僚実務の傍らいくつかの論文も発表している。一九六八年、心臓発作で死去。彼自身の手になる著書が生前に出版されることはなかったが、その代わり数多くの草稿が遺稿として残された。

コジェーヴ哲学の特徴■

高等研究院におけるコジェーヴのヘーゲル『精神現象学』読解セミナーが、二十世紀思想に巨大な影響を与えてきたことは思想史の常識に属する。ある意味で、二十世紀思想の大半がこのコジェーヴのヘーゲル解釈に対する受容と反発の営みであったといえるかもしれない。

コジェーヴ流に解釈されたヘーゲル社会哲学（いわゆる「ヘーゲル＝コジェーヴ」哲学またはヘーゲル的コジェーヴ哲学）の本質は、一般に「主人と奴隷の弁証法」と呼ばれているが、その主たる特徴は以下の三つのことをとりわけ重視する点にある。すなわち、

①人間（性）とその社会（性）を形成する原動力は「承認欲望」であり、それは所与（自己の内と外の自然性や動物性）を否定する否定性の運動として現れるということ、この否定性の運動は、しかしながら同時に「自己を保存する運動」、「自己を普遍化させる運動」であるから、それは（あえて言うならば）「世界を植民地化する運動」でしかあり得ないということ。

②この承認欲望に駆り立てられた人間個体間（そして社会間）の相互行為の全体は「主人と奴隷の弁証法」というかたちで展開すること、つまり、闘争によって所与を否定することで自己を承認さ

せる「主人性」の運動と、労働によって所与を否定することで自己を陶冶し承認させる「奴隷性」の運動との相互作用とジンテーゼの過程として展開すること、それはとりわけ「奴隷」が「主人」との「相互承認」を実現していく過程であること（「主人」は原理上、他者をけっして承認し得ないからである）、そしてこの過程の全体がまさに「歴史」に他ならないこと。

③この「主人性」と「奴隷性」という二つの「自己を普遍化させる運動」の弁証法的過程には必然的に「終わり」があるということ、すなわち、万人が「主人」でも「奴隷」でもない、互いに平等で等価な「公民（主人と奴隷のジンテーゼ）」として相互に完全に承認しあう等質的な社会が到来するとき、そしてその結果、政治的な意味での「敵」が完全に消滅したとき、歴史は政治的にも法的にも真に終わりを迎えるということ。

歴史の果てに実現する、この政治的な「友」だけから成るただ一つの普遍的社会は「普遍等質国家」と呼ばれる。その実現は定義からして「自己を普遍化させる運動」の終焉なのだから、それは同時に、人間性がその可能性を汲み尽くして完成された状態であり、人類が真の知恵へと至りついた状態でもある。ただし、この普遍的で等質的な国家はいわば数学的な極限事例であるから、それが純粋にそのものとして現実存在することはけっしてない。このことは、たとえばジェンダーや親子・世代関係や「健常者」「障碍者」間の差異などのような、等質化や平等化ができない生物学的差異に基づく関係性が依然として残ることや、人間が個別の具体的身体としてのみ現実存在することから帰結する抹消不能な特殊性の問題を考えればすぐにわかることであるし、そもそも時間的にも空間的にも有限者でしかあり得ない人間や社会が自己の特殊性や局所的な物質性を完全に乗り越えて普遍化・抽象化され尽くす（または、その現実存在と本質が完全に一致し尽くす）などということが原理的に不可能であることも自明だからである。人間と社会は不断の「変化」のプロセスとしてのみ現実存在する。だから、政治の終わり（政治的な「敵」の消滅）はあり得ても、法の終わり（法の進化の終わり）が来ることはけっしてない。つまり、普遍的かつ永遠に妥当する不変にして究極の「絶対法」（絶対的正義）が実現することはけっしてない。人間社会の進化は、あくまでもそこへと向けて漸近していくことができるのみである。ただし、その弁証法のロジックそのものはあくまで正しく、歴史はこのロジックに導かれて必然的に「進歩」する。

『法の現象学』の議論■

先に指摘したように、本書は『法の現象学』といわば相互補完的な関係にある。『法の現象学』はきわめて精度の高い大著であるから、ここでその内容を遺漏なく要約することなど到底できないし、すべきでもない。関心のある読者はじかにその邦訳に取り組み、その内容を熟読玩味すべきである。ここでは、その構成と一部の内容のエッセンスについてのみひとこと付言するにとどめよう。

『法の現象学』は三部構成である。第一部では「法とは何か」が説明され、第二部では「法の源泉」と「法の進化」が論じられる。そして第三部では、「普遍等質国家」の法のありうべきかたちを念頭に置いたうえで法体系の基本構造が検討される。以下では第一部と第二部の骨子のみを示す。

「法」とは何か。コジェーヴの用意周到で緻密な議論をごく簡略化して言えば、法とは二人の当事者が相互作用する場面における公平無私の「第三者」による抵抗し得ない介入であり、この第三者は「正義の理念」を現実の社会的相互作用に適用することによって「正義の理念」を実現する。法的状況が存在するためには、最低でも三人の異なる当事者、すなわち、相互作用する二者と「法の規則」たる第三者が存在しなくてはならない。この「第三者」は様々なかたちをとるが、それらは実際にはすべて社会の現実存在そのものの投影または具象化に他ならない。「第三者」の介入が「抵抗し得ない」と見なされるのはこのためである。法の実在と社会の実在とはほとんど同値の事態である。

では「法の源泉」とは何か。それは他ならぬ人間発生的（anthropogène：「人間を人間的たらしめる」という意味のコジェーヴ独自の用語）「承認欲望」であり、法の基礎たる「正義の理念」はこの「承認欲望」に根ざしている。「正義の理念」の純粋タイプは大別して「平等の正義」と「等価性の正義」の二種類があり、これら二つの正義のジンテーゼが「公平の正義」である。「平等の正義」はいわば「主人（貴族）の視点」に立つ正義の理念（主人的・貴族的正義）であり、「等価性の正義」はいわば「奴隷（ブルジョワ）の視点」に立つ正義の理念（奴隷的・ブルジョワ的正義）である。そして「公平の正義」はいわば「公民（主人と奴隷のジンテーゼ）の視点」に立つ正義の理念（公民的正義）である。

では「法の進化」とは何か。それはまさしくこの「正義の理念」の進化であり、時間のなかで徐々に進行する「平等の正義」と「等価性の正義」のジンテーゼのプロセス、つまりは「公平の正義」の生成進化のプロセス以外の何ものでもない。したがって、このプロセスは「主人（性）」と「奴隷（性）」の弁証法、すなわち「公民（性）」の生成進化のプロセスの法的様相に他ならない。ところで、「主人（性）」と「奴隷（性）」が純粋なそのものとして現実存在することはけっしてなく（人間ははじめから社会の一員として存在するからである）、現実の人間はすべてある程度は「公民」である。同様に、現実に受容されている正義もまた、「平等の正義」と「等価性の正義」との不完全なジンテーゼとしての「公平の正義」である。現実の法はすべてこの「公平の正義」に基づく不完全な「公民の法」であり、それらは「平等の正義」と「等価性の正義」の比率の相違によってのみ互いに区別される。「絶対法」(普遍等質国家の法)とは、これら諸々の不完全な「公民の法」の最終的なジンテーゼに他ならず、この絶対法において「平等の正義」と「等価性の正義」とは完全な均衡を遂げるに至る。要するに、法の進化とはこの「絶対法」へと向かう法の自己生成の過程に他ならない。また、この法の進化のプロセス全体は、その内部においてはおおむね平等で等価的な、だが外部に対しては敵対的・閉鎖的な「家族社会」(「主人性」が顕在化される一方で、「奴隷性」が潜在化されている状態)から、不平等と不等価を様々な割合で含んだ諸々の社会形態(「主人性」と「奴隷性」が様々なかたちでともに顕在化され、対立する状態)を経て、最後に人類全体を包摂する完全に平等で等価的なただ一つの「普遍等質国家」(「主人性」と「奴隷性」が完全なジンテーゼを遂げた状態)に至るまでの社会進化のプロセス全体におおよそ対応するといえる。

■本書の構成

さて、次に『権威の概念』であるが、ここでは、その構成についてのみ簡単にまとめてみよう。

本書は、A「分析」、B「演繹」、そして「付録」から成るが、冒頭の注記にもあるようにその基本的内容はAの「I 現象学的分析」と「II 形而上学的分析」で尽くされる。以下では、このAのI・IIの内容の骨子を以下に示す。

①権威の一般的定義

コジェーヴによる権威の一般的定義はこうである。

・「権威とは、一人の行為者が他の複数の行為者たちに対して（または一人の行為者に対して）働きかけることの可能性である。このとき、他の行為者たちは対抗行為をなす可能性をもつにもかかわらず、相手に対して対抗することはない。」

・「行為者は、権威をもって働きかけることによって、外部の人間的所与を変化させることができるが、その反作用を被ることはない。すなわち、この行為によって自分自身を変化させることはない。」

・「権威は（語の広い意味において）妥協することなく働きかける可能性である。」

②権威と法の違い

権威と法はどちらも社会的現象であり、一見したところよく似ているが、しかし明白な相違がある。権威が存在するためには最低でも二者（働きかける者と働きかけられる者）が必要であるが、法が存在するためには最低でも三者（相互作用する二者とそこに介入する第三者）が必要である。また、権威は権威として「承認」されてこその権威であり、いわばこの「承認行為」そのものであるから、権威の場合には対抗行為が純粋な可能性の域を出ることはけっしてないが、法の場合には、対抗行為が現実化しうるにもかかわらず、それによって法が破壊されるわけではない。権威は物理的強制力と相容れないが、法は物理的強制力とは別ものであるにもかかわらず、物理的強制力を含み、かつそれを前提しているといえる。ただし、これらの相違を認めたうえでなお、法の実在と社会の実在がほとんど同値であるのと同様に、権威の実在と社会の実在もほとんど同値の事態であると言い得る。なぜなら、「法」もまた承認されているかぎりで一つの権威だからである。

③ 権威の四つの純粋タイプと権威の四つの理論

コジェーヴによれば、権威には四つの純粋タイプがある。すなわち、

(1) 子供に対する父（または両親一般）の権威
(2) 奴隷に対する主人の権威
(3) 同輩たちに対する指導者の権威
(4) 裁判官の権威

これら四つの権威タイプに、互いに排他的な四つの権威理論が対応する。すなわち、

・父の権威――――神学的または神聖政治的な理論
・主人の権威――――ヘーゲルの理論
・指導者の権威――アリストテレスの理論
・裁判官の権威――プラトンの理論

という対応関係が確認できる。

また、父の権威はいわば「原因」の権威であり、主人の権威は「生命を危険にさらすこと」の権威であり、指導者の権威は「プロジェクト」の権威であり、裁判官の権威は「公平」または「正義」の権威であるということができる。ただし、現実の権威はいずれも上記の四つのタイプのすべて、あるいはそ

のうちのいくつかが組み合わさった複合体である。

④ 権威タイプの一覧表

現実の権威は必ず複合的権威であるが、そこに含まれる純粋な権威タイプ同士の優劣関係を手掛かりにして、権威の具体的ケースを区別できる。こうして得られるのが「ありうべきすべての権威タイプの完全な一覧表」であり、以下に示すものがそれである〔PはPère（父）、CはChef（指導者）、MはMaître（主人）、JはJuge（裁判官）の頭文字である〕。

・四つの純粋タイプ（P、C、M、J）

・二つの純粋タイプの組み合わせ（PC、PM、PJ、CM、等々）が六つあり、その各々に二つのヴァリアント（PCとCP、等々）があるので、合計して十二のタイプ

・三つの純粋タイプの組み合わせが四つあり、その各々に六つのヴァリアントがあるので、合計して二十四のタイプ

・四つの純粋タイプの組み合わせが一つあり、それには二十四のヴァリアント（PCMJ、CPMJ、JMPC、MPJC、等々）がある

こうして総計六十四の権威タイプ（四つの純粋タイプと六十の複合タイプ）が得られる。

⑤ 権威の生成と伝達

権威は自然発生的に生成したものか、またはすでに存在する権威が伝達されたものであるかのいずれかであり、権威の伝達は世襲、指名、選挙のいずれかによってなされる。

⑥ 権威と時間

権威は社会的・歴史的現象であるから、それは時間的構造を持つ世界のなかでのみ現象する。権威の形而上学的基礎は「時間（人間的・歴史的時間）」という本体のひとつの「変容」である。「時間」は「時間」たる限りで権威をもつ。つまり、「過去」「現在」「未来」という三つの時間の様態はいずれもそれ自体として権威をもつ。他方、これら三つの時間的権威に「永遠」の権威が対立している。「永遠」は時間の「否定」であるから、「永遠」は過去の権威、現在の権威、未来の権威との否定的な関わりにおいて、つまり時間的権威との対立によって権威をもつ。

これら三つの時間的権威と永遠の権威は、明らかに上記の権威の四つの純粋タイプと対応関係にある。すなわち、

・父の権威――過去の権威
・主人の権威――現在の権威
・指導者の権威――未来の権威
・裁判官の権威――永遠の権威

という対応関係が見出される。したがって、父・主人・指導者の権威は裁判官の権威と対立することになる。この対応関係は分析によって確認できる。すなわち、

A　裁判官の権威はいかなる伝達にもほとんど向かないが、他の三つの権威タイプはともかくも伝達されるし、とりわけ世襲によって伝達されること。

B　裁判官の権威はある意味で時間の外部にあり、それはあらゆる「継承」に対して、すなわち、あらゆる「時間化」に対して反発すること。それに対して、他の三つの権威は時間のなかで「持続す

る」ように見えるし、その「伝達」はそれらの時間的本質を顕在化させるだけであること。

C　永遠が「権威的」性格をもつのは、時間との関わりのなかで、またそれによってのみであるのと同様に、裁判官が真の権威をもつのは、彼が他の三つの権威と対立する（いざというときに）かぎりにおいてのみであること。

以上の点から、裁判官の権威は永遠なるものの権威の一「ヴァリアント」以外の何ものでもないと想定できる。

最後に、本書の内容全体についての訳者自身の感想をひとこと述べておく。

世の中にはすでにおびただしい数の権力理論や権威理論があるが、本書のような権威理論はあまり類を見ない。その特徴はやはりその哲学的厳密さにあるといえる。コジェーヴの権威分析は現象学的分析（権威の本質構造の分析——権威とは何であるかの分析）、形而上学的分析（権威の形而上学的構造の分析——権威は世界の現実的構造とどのように関わっているかの分析）、存在論的分析（権威の存在論的構造の分析——権威があるとはどういうことかの分析）という三段階の構成をとる。ただし、本書で実際に展開されるのは現象学的分析と形而上学的分析のみであり（コジェーヴによれば、これらの分析さえきわめて不十分でしかない）、存在論的分析についてはその「プログラム」が示されたにすぎない。権威の現象学的分析から出発し、形而上学的分析を経て存在論的分析へと上昇し、そして再び、この存在論的分析から出発して形而上学的分析を経由し、現象学的分析へと降り立つこと。コジェーヴによれば、我々はこうした絶え間ない往復運動の果てにのみ、いつの日か真に決定的な権威の哲学に至りつくことができるのである。その意味で、コジェーヴの権威分析の試みはいまだ未完であり、一つの出発点でしかないが、しかし本書で示された分析だけでもすでにかなり密度の濃いものとなっている。それはわが国の政治哲学や社会哲学の現状に一石を投じられるだけの内容を含んでいるといってよいし、またその試みを継承し発展させることは、まさにコジェーヴ自身が我々に残した課題に他ならない。本書に刺激されて、少なからぬ有意義な応答が生まれることを期待したい。

＊　＊　＊

本書がこうして世に出るはこびになったのは、まったくもって法政大学出版局編集部の藤田信行氏と郷間雅俊氏の寛大なご配慮のおかげである。翻訳の作業を最後まで辛抱づよく見守ってくださったお二人に対して心から感謝申し上げたい。また、『法の現象学』の訳者の一人であり、コジェーヴ哲学に造詣の深い堅田研一先生からは、お忙しい中、訳文に関する貴重なアドバイスを戴いた。心より感謝申し上げる次第である。

二〇一〇年三月二十一日

今村　真介

《叢書・ウニベルシタス　935》
権威の概念

2010年4月26日　初版第1刷発行

アレクサンドル・コジェーヴ
今村真介訳
発行所　財団法人　法政大学出版局
〒102-0073 東京都千代田区九段北3-2-7
電話03(5214)5540 振替00160-6-95814
印刷：平文社　製本：ベル製本

Printed in Japan

ISBN978-4-588-00935-8

著　者

アレクサンドル・コジェーヴ（Alexandre Kojève）

1902-1968．ロシア（モスクワ）生まれの著名なヘーゲル研究家・哲学者．ロシア革命の際にロシアを離れ，ドイツに亡命する．K. ヤスパースの指導の下で，ロシアの神学者ソロヴィヨフに関する学位論文を書く．1926 年にフランスに移住する．同じロシア出身の思想家 A. コイレと交流し，彼のヘーゲル研究に大いに影響される．1933 年から 39 年まで，コイレの後継者として，パリの高等研究院でヘーゲル『精神現象学』講義を行う．この講義には，M. メルロ=ポンティ，J. ラカン，R. アロン，G. バタイユ，P. クロソウスキー，R. クノーなど，第二次大戦後のフランスを代表する大知識人が多数出席し，彼らの思想形成に絶大な影響を与えた．この講義は R. クノーにより整理され，1947 年に『ヘーゲル読解入門』のタイトルで公刊される（邦訳，国文社）．戦後はフランス政府の高級官吏として，フランスの対外経済政策に影響を与え，ヨーロッパ統合のために外交的手腕を発揮する．1968 年ブリュッセルで死去．彼は生前著作を公刊しなかったが，その死後，残された原稿のいくつかが編集・出版された．『法の現象学』『概念・時間・言説』（邦訳，法政大学出版局）と同様，本書もその一つである．その他に，『ギリシャ哲学史試論（三巻）』『カント』などがある．

訳　者

今村真介（いまむら・しんすけ）

1971 年生．上智大学法学部法律学科卒業．一橋大学大学院言語社会研究科博士課程満期退学．現在，早稲田大学法学部非常勤講師，東京外国語大学 AA 研共同研究員．専攻は社会思想史，現代思想．著書に『王権の修辞学』（講談社），共著に『儀礼のオントロギー』（同），共訳書にフュレ『マルクスとフランス革命』（法政大学出版局）がある．